KARL SUSO FRANK

GRUNDZÜGE DER GESCHICHTE DER ALTEN KIRCHE

GRUNDZÜGE

BAND 55

KARL SUSO FRANK

GRUNDZÜGE DER GESCHICHTE DER ALTEN KIRCHE

1984
WISSENSCHAFTLICHE BUCHGESELLSCHAFT
DARMSTADT

CIP-Kurztitelaufnahme der Deutschen Bibliothek

Frank, Karl Suso:
Grundzüge der Geschichte der Alten Kirche /
Karl Suso Frank. – Darmstadt: Wissenschaftliche
Buchgesellschaft, 1984.
(Grundzüge; Bd. 55)
ISBN 3-534-09044-6
NE: GT

2345

Bestellnummer 9044-6

Satz: Maschinensatz Gutowski, Weiterstadt
Druck und Einband: Wissenschaftliche Buchgesellschaft, Darmstadt
Printed in Germany
Schrift: Linotype Garamond, 9/11

ISSN 0533-344X
ISBN 3-534-09044-6

INHALT

VORWORT

Es besteht kein Mangel an großen Gesamtdarstellungen der Geschichte der Alten Kirche und auch nicht an knappen Zusammenfassungen dieser Geschichte. Zu den vielen Büchern ein neues hinzuzusetzen, ist deshalb kein leichtes Unterfangen. Die „Grundzüge der Geschichte der Alten Kirche" haben weder den Ehrgeiz noch liegt es in ihrem Vermögen, eine ganz neue Sicht jener Geschichte vorzulegen. Ihr begrenztes Ziel ist, das Wichtigste aus Glauben und Leben des christlichen Altertums darzustellen; sie wollen deren Bedingungen aufdecken und das je geschichtlich Bedingte verstehen helfen. In der Deutung und Erklärung der Daten und Fakten geben sie den weithin erreichten Konsens über die Geschichte der Alten Kirche wieder.

In den Ausführungen habe ich auf Literaturangaben verzichtet. Die allgemeine und spezielle Fachliteratur ist im Anhang verzeichnet. Zeitgenössische Texte werden dagegen häufig zitiert. Die Beteiligten, Betroffenen und Gestaltenden sollen selbst zu Wort kommen. Die eingestreuten Zitate wollen den Leser einladen und anregen, sich selbst mit diesen Zeugen des altkirchlichen Geschehens zu beschäftigen.

„Grundzüge" können nur knappe Erstinformation bieten. Sie kommen deshalb über eine einführende Darstellung, die sich auf exemplarische Vorgänge beschränken muß, nicht hinaus. Ich denke an das Schlußwort der Benediktusregel: „Diese bescheidene Regel haben wir für Anfänger geschrieben" (73, 8). Aber wie jene Mönchsregel den anfangenden Menschen einlädt, bei größeren und bedeutenderen Lehrern in die Schule zu gehen, so müssen auch die „Grundzüge" mit solchem Verweis versehen werden. Die „Grundzüge" können freilich auch als zusammenfassende, erinnernde Darstellung zur Hand genommen werden: Was einmal im Studium, im selbständigen Umgang mit großer kirchengeschichtlicher Arbeit und speziellen kirchengeschichtlichen Monographien gelernt wurde, kann in der summarischen Vorstellung wiederholt und vergegenwärtigt werden.

Es sind dir, teurer Seneca, bei gründlicher Erwägung Dinge enthüllt, wie sie die Gottheit nur wenigen zugestanden hat. Unzweifelhaft säe ich auf einem ertragreichen Ackerfeld den kräftigen Samen, nämlich keinen Stoff, der zu verderben scheint, sondern das unerschütterliche Wort Gottes, den Quell aus ihm, der wächst und bleibt in Ewigkeit ... Mache dich nun zum neuen Herold Jesu Christi, indem du durch deine rhetorischen Verkündigungen die unwiderlegliche Weisheit zum Ausdruck bringst ...

(Apokrypher Briefwechsel
zwischen Paulus und Seneca,
Nr. 14)

I. DIE KIRCHE IN NACHAPOSTOLISCHER ZEIT

Die Gemeinde Gottes, die hier in der Fremde weilt.
(1. Clemensbrief)

1. Die urchristliche Mission

Der Anfang der christlichen Kirche ist mit dem Glauben an den auferstandenen Herrn gegeben. Das Evangelium, das allen Völkern verkündet werden soll, ist die Entfaltung des urchristlichen Bekenntnisses: „Christus ist für unsere Sünden gestorben gemäß der Schrift; er ist begraben worden und am dritten Tag auferweckt worden gemäß der Schrift, und er ist dem Kephas erschienen, dann den Zwölfen ..." (1 Kor 15, 3–8). Paulus aus Tarsus, der im Jahr 32/33 zum Glauben an Jesus Christus gefunden hatte, gab dieses Bekenntnis weiter, wobei er betont, daß er es so von der gläubigen Gemeinde übernommen habe. Das Übernommene kann er auch eigenständig formulieren: „Wenn du mit deinem Mund Jesus als den Herrn (Kyrios) bekennst und in deinem Herzen glaubst, daß Gott ihn von den Toten auferweckt hat, dann wirst du gerettet werden" (Röm 10, 9). Der Glaube an den Auferstandenen bringt Rettung; er ist die Entbindung vom Gesetz, die Befreiung von den dämonischen Mächten und in der Gemeinschaft mit dem erhöhten Herrn die Erlösung zu ewigem Leben. Diese Botschaft wurde rasch in das weite Römerreich getragen. Die neutestamentlichen Schriften geben davon Zeugnis. Deren Deutung und Auswertung geschieht in der neutestamentlichen Exegese. Was sie an kirchengeschichtlichem Ertrag erbringt, ist die Geschichte des Urchristentums.

Trotz aller wissenschaftlichen Anstrengung ist die bruchlose Rekonstruktion der urchristlichen Gemeinde wohl nicht möglich. Im zaghaften Ungefähr kann der Prozeß der Kirchwerdung verfolgt werden. Ohne jeden Widerspruch darf die rasche Ausbreitung des Evangeliums im weiten Römerreich festgestellt werden. Ausbreitung muß jedoch gleich eingeschränkt werden. Die Verkündigung des Evangeliums ging über das Verkehrsnetz des Römischen Reiches und wählte meistens die jüdischen Diasporagemeinden als Ausgangspunkt. Damit ist die Mission auf die Stadt beschränkt. In der geographischen Verbreitung zeigte sie sich als Fernmission; eine Verdichtung christlicher Präsenz kann Palästina aufweisen und bald auch das westliche Kleinasien. Das abseits der Durchgangsstraßen liegende Land blieb nicht nur aus Verkehrsgründen ausgeschlossen. Auch die Sprachgrenze verhinderte die Ausbreitung des „Wortes": die urchristliche Mission bedient sich der Koine.

Die Verkündiger des Evangeliums können im neutestamentlichen Schrifttum namhaft gemacht werden. Ohne jeden Zweifel war Paulus Missionar – „Wehe mir, wenn ich das Evangelium nicht verkündige!" (1 Kor 9, 16). Doch die Verkündigung – auch unter den Heiden (Gal 2, 9) – darf nicht auf ihn beschränkt werden. Ebensowenig darf seine missionarische Tätigkeit einfach auf alle „Apostel" übertragen werden oder mit Hilfe des „Zwölferkreises" schnell verzwölffacht werden. Offizielle Träger der Mission sind im Kreis der weiteren Apostel zu suchen. An ihrer Seite wirken Propheten, Evangelisten und Lehrer (1 Kor 12, 28–30), auch die „sieben Männer" der hellenistischen Christusgläubigen (Apg 6, 3–6). Die von Paulus mit Respekt genannten Frauen und Männer, die sich mit und neben ihm um das „Evangelium mühen", sind Missionare gewesen (vgl. besonders die Liste Röm 16, 1–15), ebenso jene nach dem Stephanus-Pogrom aus Jerusalem geflohenen Gläubigen (Apg 8, 4). Doch mit diesen zuletzt Genannten verliert sich die Trägerschaft der urchristlichen Mission ins Namenlose. In der Tat ist die Mission der apostolischen Zeit nicht allein das Werk von Trägern bestimmter Titel und bekannter Namen. Die rasche, weitverbreitete Präsenz des Christlichen kann nur mit einer großen, namenlosen Schar von „Missionaren im Nebenberuf" erklärt werden. Der Begriff der „Spontanmission“ ist ernst zu nehmen: irgendwer hat irgendwo von irgend jemandem die neue Heilsbotschaft aufgenommen. Er konnte sie weitertragen, weil er aus ganz anderen Gründen, die mit missionarischer Aktivität nichts zu tun haben, von einem Ort an einen anderen gezogen ist.

Die recht unterschiedliche Herkunft der Missionare und die vielfältige Art, in der der neue Glaube weitergegeben wurde, führten zur differenzierten Ausfaltung der Verkündigung über Christus; sie bedingten auch, daß der Glaube zu verschiedener christlicher Lebensgestaltung und unterschiedlicher Gemeindeform anregte. Das ist an den neutestamentlichen Schriften ohne Mühe abzulesen. Und immer wieder belegt dieses Schrifttum Verkündigungsweisen und Lebensformen, denen die Christlichkeit entschieden abgesprochen wird: In Korinth beklagt Paulus die Aufspaltung der Gemeinde; es gibt da Leute, die zu Paulus, zu Apollos, zu Kephas, zu Christus halten (1 Kor 1, 12). Den Philippern gesteht Paulus zu, daß die Mehrzahl der Brüder Christus verkündet; aber einige sind dabei aus Neid und Streitsucht am Werk (Phil 1, 15). Er kann auch schärfer formulieren: solche Verkündiger sind „Hunde und Pfuscher“ (Phil 3, 2), und noch radikaler: „Wer ein anderes Evangelium verkündet, der sei verflucht“ (Gal 1, 8). Die spontane Mission mußte zu solchen Differenzierungen führen. Der „Berufsmissionar“ hatte dann auf die Entscheidung für sein Evangelium zu dringen, das zur Scheidung von „anderen Evangelien“ führte.

Der folgenreichste Vorgang in urchristlicher Zeit ist die Trennung vom Judentum gewesen. Die „Gemeinde Gottes, im Namen Jesu versammelt“, bekennt sich zu ihrer Herkunft aus dem Judentum. „Gemeinde, Versammlung Gottes“ ist eine Selbstaussage des Alten Bundes. Sie bekennt sich gleichzeitig zu ihrer Eigenheit und Neuheit, dem Glauben an Jesus, den Messias. Die Entscheidung für diesen Glauben wird zur Scheidung von den Juden, die sich diesem Glauben versagen. Es ist nicht nur Scheidung im Glauben; sie schlägt sich auch in politischer Haltung nieder: Die Christen Palästinas beteiligten sich nicht am jüdischen Aufstand des Jahres 66. Die Trennung verschärfte sich, sobald die christliche Mission über das Volk Israel hinaustrat und mit den Christusgläubigen ein neues Volk Gottes schuf. Sie entzog dem Alten Bund die Heilsverheißung und band alle Heilserfüllung an sich. Die Trennung von der Synagoge ist in den letzten Jahrzehnten des 1. Jahrhunderts vollzogen. Die beiden Gemeinden Gottes haben sich nichts mehr zu sagen; sie stehen sich feindlich gegenüber. Der schmerzliche Prozeß dieser Ablösung förderte die eigentliche Kirchwerdung, wobei die christliche Gemeinde für ihren Alltag, ihren Gottesdienst und ihre Organisation die Traditionen und die gläubige Praxis der Synagoge durchaus in Anspruch nahm.

Daß christlicher Alltag beschrieben, Gottesdienst geordnet, Organisationen und Strukturen der Gemeinde festgelegt werden mußten, hing freilich auch mit der urchristlichen Erfahrung zusammen, daß der Herr mit seinem Wiederkommen zögert. Diese Erfahrung wurde wohl mit einiger Erschütterung zur Kenntnis genommen. Doch die anfängliche Überzeugung von der unmittelbar bevorstehenden Wiederkunft des Herrn machte bald der Überzeugung vom unbestimmten, aber nicht weniger sicheren Wiederkommen des Herrn „wie ein Dieb in der Nacht“ (1 Thess 5, 1–2) Platz. Die Gemeinde wird nun als der Raum erkannt, in dem man den Herrn weiterhin erwartet, in dem sein Heil gegenwärtig ist und in dem sein Auftrag weitergetragen wird.

2. *Die christliche Gemeinde in nachapostolischer Zeit*

Urchristliche Mission zielte auf die Gemeinde am Ort. Die Bindung an Geographie und Organisation des Römerreiches führte zur selbständigen Christengemeinde innerhalb der römischen Stadt (municipium). Wohl wußte die Gemeinde am Ort um andere Gemeinden und um ihre Zusammengehörigkeit. Aber die Ortsbindung brachte Unterschiede von Gemeinde zu Gemeinde mit sich. Die Erinnerung an die Anfänge der Gemeinde, ihre „Erstlinge im Glauben“ lebte prägend fort; Wachstum und Lebendigkeit der Gemeinde stimmten nicht in allen Landstrichen miteinander überein. Förderung oder Herausforderung durch die Umgebung wirkten in verschiedenem Maße in die Gemeinden hinein.

Gemeindeleben und Gemeindeformen aus nachapostolischer Zeit (etwa bis zur Mitte des 2. Jahrhunderts) lassen sich exemplarisch rekonstruieren. Die Rekonstruktion ist auf Zeugen angewiesen. Diese sagen vieles, freilich nicht alles. Die Rekonstruktion muß unvollständig bleiben.

Die Gemeinde des 1. Clemensbriefes

Gegen Ende des 1. Jahrhunderts (vielleicht 96) schrieb die Christengemeinde der Reichshauptstadt an die Schwestergemeinde in Korinth: „Die Gemeinde Gottes, die zu Rom in der Fremde wohnt, an die Gemeinde Gottes, die zu Korinth in der Fremde wohnt, an die Berufenen, die nach Gottes Willen geheiligt sind durch unseren Herrn Jesus Christus.“ Die beiden örtlich entfernten Christengemeinden wissen sich geeinigt: sie sind fremd in dieser Welt. Am Ort haben sie Gemeinschaft gefunden durch ihren Glauben an Jesus Christus. Dieser Glaube schenkt ihnen das eigene Selbstverständnis. Sie sind Berufene und Geheiligte. Das sind alte, selbstprädikative Aussagen Israels, die jetzt von der Christengemeinde übernommen sind. Auch die Fremdheit kommt aus jüdisch-diasporaler Erfahrung. Die christliche Gemeinde kann das ohne Bedenken für sich beanspruchen. Sie ist im unmittelbaren Erleben eine kleine Gemeinschaft in der fremden Welt. Die im Briefeingang ausgedrückte „diasporale Ekklesiologie“ entspricht der täglichen Erfahrung. Dem Fremdsein in dieser Welt wird der bergende Raum der Gemeinde Gottes entgegengestellt und als heilsvermittelnder Raum angeboten: „Haltet euch an die Heiligen, denn die sich an sie halten, werden durch sie geheiligt werden“ (46, 2).

Eine Gemeinde schreibt einer anderen. Die einzelnen Gemeinden nehmen Anteil aneinander, stehen in Austausch miteinander. Für das Schreiben sind keine „römischen Machtansprüche“

zu bemühen, auch wenn es mit anspruchsvoller Bestimmtheit geschrieben ist. Es versteht sich selbst als ernste Mahnung (7, 1), darf sich mit dem evangelischen Gebot der brüderlichen Zurechtweisung (Mt 18, 15–18) im Einklang wissen. Es kann auch als gemeindliche Beanspruchung der paulinischen „Sorge um alle Gemeinden" (2 Kor 11, 28) angesehen werden. Das mahnende Schreiben der römischen Gemeinde kam nicht von ungefähr. In Korinth war ein Aufruhr entstanden, der zur Absetzung von (allen/einigen) Verantwortlichen in der Gemeinde geführt hatte. Das gibt Anlaß zu grundsätzlichen Ausführungen über die rechte Ordnung der Gemeinde. Deren Grundgedanke lautet: Jeder stehe auf seinem Posten, „entsprechend der ihm verliehenen Gnade" (Charisma; 37, 3). Die urchristliche, charismatische Struktur der Gemeinde gilt auch hier. Das Charisma aber stellt jeden an einen bestimmten Platz in der Gemeinde und gibt ihm dort seine Funktion im Dienste des Ganzen. Diese Platzanweisung teilt die Gemeinde auf: da ist das Volk Gottes (Laien) auf der einen Seite und die „Führenden" auf der anderen Seite; jeder erfüllt an seinem Platz die ihm von Gott gewiesene Aufgabe (40, 5). Geführt wird diese Gemeinde von einem Kollegium. Es sind Episkopen, Presbyter und Diakone. Die Nomenklatur ist nicht neu; das neutestamentliche Schrifttum kennt diese Titel. Wie dort eine priesterliche Terminologie für die Verantwortlichen in der Gemeinde nicht verwendet ist, so wird sie auch hier nicht aufgegriffen. Ausgelassen sind die missionarischen Funktionen der Apostel, Propheten und Evangelisten. Die römische Trias betrifft die ortsgebundene Führungsschicht und zieht ältere Organisationsformen zu einer neuen Einheit zusammen. Wenn wir von der Phase des missionarischen Aufbruches und den ersten Gemeindegründungen absehen, dann gab es wohl Gemeinden, in denen Presbyter eine umfassende Verantwortung trugen, und daneben solche, die Episkopen und Diakone mit verantwortlichen Aufgaben betrauten. Ihre Aufgabe in der Gemeinde wird als Dienst (Leiturgia) und Hirtensorge beschrieben; besonders unterstrichen wird das „Darbringen der Opfer" der Gemeinde (44, 4). Jeder einzelne von ihnen ist aus der Gemeinde gekommen; seinen Dienst hat er mit „Zustimmung der ganzen Gemeinde“ übernommen (44, 3).

Doch was jetzt in der Gemeinde Brauch und Praxis ist, gilt für 1 Clemens als unantastbar und gottgewollt. Gott hat seine ganze Schöpfung wohlgeordnet; die großen menschlichen Sozialgebilde haben nach dieser Vorlage ihre Ordnungen festgelegt. Die Gemeinde Gottes kann nicht hinter solcher Geordnetheit zurückstehen (19 – 20; 37 – 38). Im Alten Testament hat Gott seinem Volk und dessen kultischem Dienst strenge Ordnung auferlegt. Da der christlichen Gemeinde „größere Erkenntnis“ geschenkt wurde, muß sie den göttlichen Ordnungswillen auch überzeugender erfüllen. Schließlich wird die jüngste Geschichte bemüht: Christus, der von Gott gesandt war, hat seine Apostel ausgesandt; sie predigten in Stadt und Land und bestellten die Erstbekehrten zu „Bischöfen und Diakonen“; diese dann beriefen andere „erprobte Männer“ zur Fortführung ihres Dienstes (vgl. 40 – 44). In dreifacher Argumentation wird so die gegenwärtige Gemeindeführung abgesichert und eine sakralrechtliche Ordnung für die Gemeinde festgelegt.

Im Schutz dieser Ordnung bewahrt sie ihre Berufung und Heiligung durch Christus: „Durch Gottes Willen wurden wir in Christus Jesus berufen; wir werden also nicht durch uns selbst gerechtfertigt, noch durch unsere Weisheit, Einsicht, Frömmigkeit oder durch Werke, die wir in Heiligkeit des Herzens vollbrachten, sondern durch den Glauben, durch den der allmächtige Gott alle von Anfang an gerechtfertigt hat“ (32, 4). Die paulinische Rechtfertigungslehre wird hier weitergetragen. Allerdings weiß 1 Clemens sie auch mit den Werken aus dem Glauben zu verbinden: Gastfreundschaft, Liebe, Gebet, Fasten und Einfügung in die Gemeinde sind Haltungen und Leistungen des Christen, die aus dem Glauben kommen und ihn erweisen (30; 33, 1). Er bejaht damit die synagogale Observanzfrömmigkeit und prägt mit ihrer Hilfe eine christliche Lebenshaltung. „Christliche Bürgerlichkeit“ werden die gleichen Forderungen der wenig jüngeren Pastoralbriefe genannt.

Die „Gemeinde Gottes“ lebt zu Rom oder zu Korinth in der Fremde. Das entspricht der unmittelbaren, diasporalen Erfahrung. Aber sie lebt in dieser Welt auch in der Fremde, weil ihre eigentliche Heimat beim Herrn ist. Erst seine Wiederkunft wird den bleibenden Platz dort schenken. In der Gemeinde leben jedoch Zweifler: „Dies hörten wir auch zur Zeit unserer Väter, und siehe, wir sind alt geworden, und nichts davon ist uns widerfahren“ (23, 3). Die urchristliche Naherwartung muß neu gedeutet werden. Wenn der Herr noch nicht wiedergekommen ist und seine Wiederkunft auch nicht als unmittelbar bevorstehend erwartet werden darf, so bleibt sie doch als sicheres Ereignis über Welt und Menschen gesetzt. Den Beweis liefert Alltagserfahrung; die Natur demonstriert ständig den Prozeß des Kommens, blühenden Daseins und raschen Verfalls. Selbst die Auferstehung wird mit solcher Erklärung nahegebracht, wozu der Phönixmythos aus der antiken Literatur herangezogen wird (23 – 25).

Sicher sind die Christen des 1. Clemensbriefes Fremdlinge in dieser Welt. Aber sie wissen sich als „ortsansässige Fremdlinge“. Eine optimistische Frömmigkeit ist ihnen durchaus zu eigen: „Wie selig und bewundernswert sind die Geschenke Gottes: Leben in Unsterblichkeit, Fröhlichkeit in Gerechtigkeit, Wahrheit in Freimut, Glaube in Zuversicht, Enthaltsamkeit in Heiligung“ (35, 1–2). Der Optimismus blickt auch zuversichtlich über den Kirchenraum hinaus. Zwar kann das Schreiben nicht verleugnen, daß dort ein den Christen wenig freundlich gesonnener Staat steht – „Schlag auf Schlag sind plötzlich Heimsuchungen und Drangsale über uns gekommen“ (1, 1) –, und es ruft die Christen auch keineswegs zu aktiver Weltgestaltung auf. Aber die Bereitschaft, Verantwortung für diese Welt mitzutragen, wird den Christen nahegebracht. Ein langes Fürbittgebet, das seine synagogale Herkunft deutlich zeigt, faßt solche Weltverantwortung zusammen: „Gib Eintracht und Frieden uns und allen Bewohnern der Erde, wie du sie unseren Vätern gegeben hast, als sie dich fromm anriefen in Glauben und Wahrheit; gib, daß wir deinem allmächtigen und vortrefflichen Namen sowie unseren Herrschern und Vorgesetzten auf Erden gehorsam seien. Du, Herr, hast ihnen die Königsgewalt gegeben durch deine erhabene und unbeschreibliche Macht, damit wir die von dir ihnen gegebene Herrlichkeit und Ehre anerkennen und uns ihnen unterordnen, keineswegs deinem Willen zuwider; gib ihnen, Herr, Gesundheit, Frieden, Eintracht, Beständigkeit, damit sie die von dir ihnen gegebene Herrschaft untadelig ausüben" (60, 4–60, 1; vgl. 1 Tim 2, 1–2).

Die Gemeinde der Didache

In ganz anderes Kirchengebiet – nach Palästina – und zu einem anderen sozialen Umfeld führt uns ein zweites Dokument, das exemplarisch „Kirche in nachapostolischer Zeit" belegen kann. ›Die Lehre (Didache) des Herrn durch die (zwölf) Apostel an die Heiden‹ wird als Gemeindeordnung charakterisiert. Sie hält in der Form eines Moralkatechismus altkirchliche Einführung in das Christentum fest und beschreibt das Gemeindeleben in seinen wesentlichen Vollzügen (Taufe, Agape-Eucharistie, Sonntagsgottesdienst usw.). Die katechetische Einführung macht sich die synagogale Missionspraxis zu eigen. Von dort wird ein Lehrschema, die sog. „zwei Wege", in die christliche Unterweisung übernommen; durch geringe Zusätze, die der matthäischen Bergpredigt entsprechen, wird es zum christlichen Handbüchlein. Die Lehrunterweisung schließt mit der Aufforderung: „Wenn du das ganze Joch des Herrn tragen kannst, wirst du vollkommen sein; wenn nicht, dann tu, was du kannst" (6, 2). Dieser Satz hat in der synagogalen Praxis seinen Sinn. Der Gottesfürchtige wurde nicht auf das ganze Gesetz des Herrn verpflichtet. Die volle Beobachtung wurde ihm nur empfohlen. In der christlichen Katechese muß das „Joch des Herrn" auf die Nachfolge des Herrn und die Erfüllung seines Gesetzes bezogen werden. Die Aufforderung unterscheidet nun eine vollkommene Erfüllung und eine weniger vollkommene, aber durchaus mögliche und ausreichende. Die Gemeinde, die sich in dieser Welt einrichtet, beginnt ihre Ansprüche kasuistisch zu unterscheiden. Das zeigt die Didache auch in anderen

Anweisungen: taufen soll man in fließendem Wasser; aber im Notfall genügt das stehende, warme Wasser, ja, auch das nur dreimalige Besprengen mit Wasser (7, 1–3); die Erstlinge aller Erträgnisse sollen den Propheten gegeben werden; sind keine Propheten da, dann sollen sie den Armen gegeben werden (13, 4).

Die diasporale Ekklesiologie dringt auch hier auf den engen Zusammenschluß der Gemeinde: „Suche täglich das Antlitz der Heiligen" (4, 2; vgl. 14; 16, 2). Die Gemeinschaft verdichtet sich in der gottesdienstlichen Versammlung (9 – 10; 14). Doch sie betrifft auch den Alltag. Der Glaubensgenosse darf auf seiner Durchreise die Hilfe der Gemeinde beanspruchen. Der Zugezogene kann Unterstützung bei der Arbeitssuche und Arbeitsplatzbeschaffung erwarten. Aber die Einheit im Glauben soll nicht zur Ausnützung der Gemeinde führen. Wer die Gemeinde aus Eigennutz schädigt, gilt als einer, der mit dem Christennamen nur Geschäfte machen will; von ihm hält man sich fern (12, 5). Auch der sündige Bruder wird mit bürgerlichem Boykott bestraft (15, 3).

Die Gemeinde der Didache handelt in eigener Vollmacht. Sie tauft, versammelt sich zur Agape, feiert Eucharistie und vergibt die Sünden. Sie bleibt aber doch nicht auf sich selbst gestellt. Jene aus der urchristlichen Mission bekannten Vollmachtsträger treten mit eigenen Rechten in der Gemeinde auf: Propheten, Apostel und Lehrer (11; 13). Als „Wandermissionare" kommen sie in die Gemeinde, die schon christlichen Glaubens ist. Sie haben die Gemeinde weiterzuführen im Glauben, im Glauben zu festigen, für die Auferbauung der Gemeinde zu wirken. Die Gemeinde nimmt ihre Gaben dankbar an, übernimmt als Gegenleistung ihre materielle Unterstützung während ihres Aufenthaltes. Schlechte Erfahrungen mit solchen Boten werden nicht verschwiegen. Die Gemeinde braucht Maßstäbe zur Prüfung. Der Lehrer muß in seiner Lehre mit dem übereinstimmen, was bisher in der Gemeinde gelehrt wurde (11, 1–2). Der Prophet redet „im Geiste". Die geistgewirkte Rede ist menschlichem Urteil entzogen. Aber auch seine Prüfung ist möglich: ob er sich in der Art des Herrn gibt (11, 8). Jeder Prophet oder Apostel, der auf materiellen Vorteil aus ist, muß als falscher Prophet bzw. Apostel abgelehnt werden.

Die besorgte Vorsicht den „Wandermissionaren" gegenüber macht eine weitere Anweisung verständlich. Oder ist es einfach der bestimmte Wille, der Gemeinde Sicherheit und Festigung auf ihrem Weg zu geben, wenn ihr geboten wird: „Wählet euch nun Bischöfe und Diakone, die würdig des Herrn sind" (15, 1)? Die Gemeinde soll sich eine ortsgebundene, ständige Führung geben. Aus ihrer eigenen Mitte soll sie „Bischöfe und Diakone" bestellen. Der unmittelbare Kontext legt eine enge Begründung nahe. Im Kapitel 14 wird zur sonntäglichen Eucharistiefeier aufgefordert. Ihre regelmäßige Feier kann die ständig anwesenden Verantwortlichen erfordern. Wenn die „Bischöfe und Diakone" Männer sein sollen, „die gütig, frei von Habsucht, wahrhaftig und erprobt sind", dann darf man von ihnen umfassende Sorge und Führung der Gemeinde erwarten. Wenn es weiter heißt, daß sie der Gemeinde „im Dienst der Propheten und Lehrer" dienen, dann lösen sie die „Wandermissionare" ab, machen deren Dienst überflüssig. Sie verdienen deshalb deren Achtung und Ansehen (15, 2). Und weil sie nun deren Dienst erfüllen, geht der Gemeinde an Gnaden- und Heilsvermittlung auch nichts verloren.

Die Gemeinde lebt fremd in dieser Welt: sie bittet um das Kommen des Herrn: Maranatha (10, 6). Sie lebt in angespannter Erwartung, denn die Stunde seines Kommens ist ungewiß (16, 1). Fremd ist ihr auch die irdische Welt: sie mag vergehen (10, 6). Ihr einziger Sinn liegt darin, Zeit und Raum zu gewähren für die Sammlung der Gemeinde Gottes (9, 4; 10, 5).

Die Gemeinde der Ignatiusbriefe

Im frühen 2. Jahrhundert (unter Kaiser Trajan, 98–117) wurde Ignatius, „Bischof von Antiochien, Bischof von Syrien", zur Hinrichtung nach Rom geführt. Auf der Reise schrieb er mehrere Briefe; während der Brief an die römische Christengemeinde seine persönliche Frömmigkeit bezeugt, die im Martyrium ihre Vollendung finden wollte, legen die Briefe an kleinasiatische Christengemeinden sein Verständnis von „katholischer Kirche“ (Smyrnäerbrief 8, 2) dar. Die Ausführungen belegen erneut Vielfalt und Unterschiedenheit der nachapostolischen Christengemeinden. Ordnung und Führung der Gemeinde erscheinen fremd im Vergleich mit dem bisher Bekannten.

„Daher ziemt es euch, mit dem Sinn des Bischofs einig zu laufen, was ihr ja auch tut. Denn euer Gottes würdiges Presbyterium, das seinen Namen mit Recht trägt, ist mit dem Bischof so verbunden wie Saiten mit einer Zither. Deshalb ertönt in eurer Eintracht und zusammenklingenden Liebe das Lied Jesu Christi“ (Epheserbrief 4, 1).

„Seid bestrebt, alles in Gottes Eintracht zu tun, wobei der Bischof an Gottes Stelle und die Presbyter an Stelle der Ratsversammlung der Apostel den Vorsitz führen und die mir besonders lieben Diakone mit dem Dienst Jesu Christi betraut sind“ (Magnesierbrief 6, 1).

Aufrufe dieser Art durchziehen die Briefe wie ein roter Faden. Da findet sich zwar die bekannte Ämtertrias; aber Bischof, Presbyterium und Diakone sind in hierarchischer Abstufung einander zugeordnet. Immer ist nur von einem Bischof die Rede, während Presbyter und Diakone in der Mehrzahl stehen. Deutlich ist der Bischof herausgestellt; allein in der Gemeinschaft mit ihm kann von Kirche die Rede sein. Die überraschende Neuordnung wird weder sakralrechtlich begründet, noch wird sie funktional verständlich gemacht. Die Führungsgruppe gewinnt aus mystischer Identifikation oder Repräsentation ihre Autorität: der Bischof steht in der Gemeinde wie Gott/Jesus Christus, die Presbyter wie die Versammlung der Apostel, die Diakone wie Diener Jesu Christi/wie „das Gebot Gottes“ (Smyrnäerbrief 8, 1). Die beschwörende Form der Aussage „Haltet zum Bischof; tut nichts ohne den Bischof!“ schwächt ihren realen Gehalt ab. So sollte Gemeinde sein, wenn sie wahre Gemeinde Christi sein will, die Gottes Einheit darzustellen hat! Vielleicht hatte Ignatius in Antiochien eine Gemeinde zu dieser Form geführt. Vielleicht sah er auch ihm bekannte Gemeinden in Kleinasien zügig auf diesem Weg zu einer neuen Ordnung. Im Römerbrief aber spricht er nur die Gemeinde an; Bischof, Presbyterium und Diakone scheinen ihm dort nicht bekannt zu sein. So bleibt die Gemeindestruktur des Ignatius ein Entwurf. Aus der kollegialen Führung schreitet sie auf die monepiskopale zu.

Ist der ignatianische Entwurf auch theologisch begründet, so darf die Situation der Gemeinde nicht außer acht gelassen werden. Ein zweiter roter Faden zieht sich nämlich durch die Briefe: die Warnung vor anderen Menschen, „die den Christennamen mit arger List umhertragen" (Epheserbrief 7, 1). Ignatius warnt vor ihnen in aller Schärfe: „Diesen müßt ihr wie Bestien ausweichen; denn sie sind tollwütige Hunde, die tückisch beißen" (ebd.). Die Einheit des christlichen Glaubens und Lebens sieht er gefährdet. Die Gefahr kommt von zwei Seiten. Es ist einmal das Festhalten am „Judaismos", der Leute erfaßt, „die zwar Jesus Christus sagen, aber nach jüdischer Art leben" (Magnesierbrief 10, 3). Zum andern sind es Leugner der wahren Menschheit Christi (Smyrnäerbrief 1–2). Das ist zwar keine Neuerscheinung, aber Ignatius findet ihre Gegenwart und ihr Auftreten unerträglich. Entschieden stellt er die Bindung an den einen Bischof und an die im Glauben Übereinstimmenden dagegen. Denn nur in dieser Gemeinschaft ist die Wahrheit; nur in ihr ist das Heil gegenwärtig: „Wer sich innerhalb des Altarraumes (d. h. der Gemeinde) findet, ist rein; wer sich außerhalb befindet, ist nicht rein, das heißt, wer etwas ohne Bischof, Presbyterium und Diakon tut, ist nicht rein im Gewissen" (Trallianerbrief 7, 2; vgl. Magnesierbrief 7, 2). Für die „anderen Christen" kann diese Gemeinde nur beten und das Zeugnis des guten Lebens geben. Beides mag zu ihrer Bekehrung führen (Epheserbrief 10, 1).

Auch die ignatianische Gemeinde weiß sich als fremd in dieser Welt. In ihrer irdischen Existenz ist sie nur Abbild; ihr Urbild ist im Himmel. Sie ist fremd, weil sie sich von anderen Christengemeinden umgeben sieht, mit denen sie nicht in Eintracht und Harmonie zusammenklingen kann. Schließlich ist sie fremd, weil die außerkirchliche Welt der Machtraum Satans ist, dem nur der entrinnen kann, der in den Heilsraum der Kirche tritt.

Die drei Gemeinden der nachapostolischen Zeit, die hier auf Grund ihrer Selbstaussagen vorgestellt werden, decken keineswegs alle um diese Zeit anwesende Wirksamkeit im Geist und Namen Jesu Christi ab. Diese ist weiter festzustellen in den zeitgleichen Schriften des Neuen Testaments. Was sie an Christlichkeit belegen, führte zu weiterer Unterschiedlichkeit in der Verkündigung, der Lebensführung und der Gemeindeordnung. Lassen sich diese Ausprägungen des Christlichen noch ungefähr auf einen Nenner bringen, so zeigen andere daneben deutlich die Notwendigkeit einer Abgrenzung. Und jede Gemeinde gibt sich besorgt in der Bewahrung der ihr vertrauten Form und entschieden in der Ablehnung anderer Weisen des Christentums.

Chronologische Zusammenfassung:

30 (?)	Tod Jesu von Nazareth
32/3	Bekehrung des Paulus
48/9 (?)	Sog. Apostelkonzil
	Missionstätigkeit des Paulus bis 63/4
66–70	Jüdischer Aufstand; Zerstörung Jerusalems
ca. 96	Erster Clemensbrief
ca. 100–150	Didache
vor 117 (?)	Ignatius von Antiochien

II. DAS CHRISTENTUM IM 2. JAHRHUNDERT

Wo kein Grenzzaun gesetzt ist, da geht der Besitz verloren.
(Sir 36, 27 Vulg.)

1. Vielerlei Christentümer

Die unterschiedliche Entfaltung und Verwirklichung des Christlichen setzte sich im 2. Jahrhundert fort. Die Vielgestaltigkeit wurde bedrängend und zwang jede Überlieferungsform, ihre Rechtmäßigkeit zu beweisen. Die wachsende Entfernung vom Ursprung stellte unausweichlich die Frage nach der Identität mit den Anfängen und der Kontinuität in der Überlieferung. Die Entscheidungsprozesse, die schon das Urchristentum durchlaufen mußte, bewegten das Christentum weiterhin. Wenn später in der großkirchlichen Literatur behauptet wird: „Alle Ketzer kommen zuerst zur Gläubigkeit, später weichen sie dann von der Glaubensregel ab", dann ist das nur zum Teil wahr. Sicher gab es den von der Glaubensregel Abgefallenen. Doch die Krise des Christentums im 2. Jahrhundert kam zunächst nicht von dieser Seite. Sie war die entferntere Folge des vorher skizzierten Missionsvorganges. Auch die „Gegner des Paulus" hatten ihre Nachkommen.

Heterodoxes Judenchristentum

Die feindselige Trennung von der Synagoge hat nicht nur Judentum und Christentum voneinander geschieden. Sie hat auch ein eigenständiges Judenchristentum hervorgebracht. Es trug vieles aus beiden Lagern weiter und gehörte doch zu keinem von beiden. Da sah man etwa in Jesus von Nazareth den im Alten Testament verheißenen Propheten der Endzeit. Durch seine Gerechtigkeit und Klugheit oder durch seine treue Beobachtung des Gesetzes ist er von Gott zum Messias erhoben worden. Die Erlösung geschieht nicht durch seinen Tod am Kreuz, sondern in der Befolgung der von ihm bewirkten Gesetzesreform. Das Erlöstsein wird in der Gemeinschaft der Gläubigen erfahren; bei einer Gruppierung, den Ebioniten (= Armen), verlangt man Armut und Gütergemeinschaft, schreibt tägliche Waschungen vor, und die Gemeinde wird zum heiligen Mahl mit Wasser und Brot versammelt. Das heterodoxe Judenchristentum war keine Einheit. In vielerlei Gruppierungen trat es auf: Kerinthische Ebioniten, Elchasaiten u. a. Verschiedene apokryphe Evangelien kommen aus diesen Gemeinschaften (Nazaräer-, Ebionäer-, Hebräer-, Ägypterevangelium). Auch anderes frühchristliches Schrifttum ist von seiner Handschrift gezeichnet und belegt die Ausbreitung dieses eigenwilligen Christentums.

Der Gnostizismus

Die ernstere Herausforderung war im 2. Jahrhundert jedoch jenes Christentum, das sich entschieden mit gnostischer Spekulation verband und eine eigene christlich-gnostische Bewegung hervorbrachte. Gnosis (= Erkenntnis) ist eine weitverbreitete religiöse Äußerung der Spätantike. Im Vorfeld einer christlichen Prägung steht die jüdische Gnosis, die über die beunruhigte und besorgte Apokalyptik in das Judentum eingedrungen war. Als „Gnostizismus" wird die christliche Ausformung bezeichnet, die durchaus den Anspruch erhob, authentisches Christentum zu sein.

Anliegen und Ziel dieser Religiosität werden am besten in ihrem zentralen Begriff erfaßt. Gnosis ist Erkenntnis; freilich will sie nicht rationale Erkenntnis sein. Es geht vielmehr um ein Erkennen, das durch Offenbarung geschieht: „Es ist wahr, daß in den allgemein üblichen Wissenschaften jeder, der nicht gelernt hat, auch keine Kenntnis besitzt. In Sachen Gnosis aber hat einer gelernt, sobald er nur gehört hat" (Pseudoclemens, recog. III 35, 7). Der Erkenntnisvorgang kann auch anders beschrieben werden: „Und sogleich wurde mir schlagartig alles klar."

Was in solcher Erkenntnis zuteil wird, erschließt ein eindrucksvolles gnostisches Wort: „Wer waren wir? Was sind wir geworden? Wo waren wir? Wohin sind wir geworfen? Wohin eilen wir? Wovon sind wir befreit? Was ist Geburt, und was ist Wiedergeburt?" (Clemens von Alexandrien, excerp. ex Theod. 78, 2). Es geht um Grundfragen des menschlichen Lebens; von einer Art religiöser „Daseinserhellung" kann gesprochen werden. Die befreiende Erkenntnis kommt zwar von außen; was sie zu erkennen gibt, ist jedoch im Menschen. Es ist sein eigentliches Selbst, sein im Grunde „göttliches Ich". Die Erkenntnis offenbart dem Menschen, daß zwischen dieser Welt und ihrem göttlichen Urgrund ein grenzenloser Dualismus besteht; daß er selbst einen Funken der göttlichen Welt in sich trägt, hier aber in einer gottfeindlichen Welt lebt. Das Göttliche in ihm ist gefangen („Gold im Schmutz"), betäubt und vergessen („liegt im Schlaf"). Nur ein göttlicher Offenbarer kann das „Selbst des Menschen" aus dieser Bindung und Vergessenheit befreien: „Auf, erhebe dich von deinem Schlaf und höre auf die Worte. Erinnere dich, daß du ein Königssohn bist. Erschaue die Verklärung; siehe, wem du dienst" (Thomasakten, Perlenlied).

Diese gnostische Offenbarung wird mit einer Fülle mythischer Überlieferungen und Spekulationen aufgefüllt und als Heilslehre angeboten. Der aus dem göttlichen Äon kommende Offenbarer erscheint gewöhnlich in der Gestalt Christi. Allerdings muß die gnostische Christologie die Menschwerdung Christi entschieden ablehnen; denn mit der widergöttlichen Materie kann sich Göttliches nicht verbinden (Doketismus). Erlösung kann sie auch nicht im Kreuzestod sehen. Erlösend wirkt nur der befreiende Ruf, der aus der Verfallenheit an die Materie, aus der Versklavung durch satanische Mächte rettet.

Dieses Heilsangebot fand Beifall und Zustimmung. Die gnostizistische Bewegung breitete sich schnell und anhaltend aus. Sie lebte und handelte als anwesende Wirksamkeit im Namen Christi wie die anderen christlichen Gruppierungen. Als geschlossene Einheit darf sie jedoch nicht angesehen werden. Man spricht von „Schulen", auch von „Systemen", in denen die gnostische Erlösungslehre erklärt und gedeutet wird. Benannt werden sie nach ihren „Gründern“ oder „Schulhäuptern“. Die altkirchliche Polemik wollte in Simon Magus (Apg 8, 9–11) den Urheber des christlichen Gnostizismus sehen. Die schlechte Presse des Mannes, der sich die apostolische Wunderkraft mit Geld erkaufen wollte, war Beweis genug für die Verdorbenheit der Lehre von Anfang an: Ein gewisser Menander, wie Simon aus Samaria, soll sein Schüler gewesen sein. Wenn die Polemik das Lehrer-Schüler-Verhältnis feststellte, so wollte sie die Verkehrtheit und Verlogenheit der Lehre auch in ihrer Fortdauer betonen – eine „apostolische Nachfolge“ also mit umgekehrten Vorzeichen. Von den polemischen Auslassungen abgesehen, führen die Nachrichten zur eigenen Ausprägung einer sogenannten „Samaritanischen Gnosis“.

In Antiochien wirkte um die Jahrhundertwende der Gnostiker Satornil, der in seiner Lehre teilweise von Menander abhängig war. Sein Zeitgenosse Basilides fand in Alexandrien Anhänger. Die Kontinuität seiner gnostischen Schule wahrte sein Schüler (und Sohn?) Isidor. Aus Alexandrien, das bis weit in das 2. Jahrhundert hinein wohl ausschließlich gnostisches Christentum kennenlernte, kam auch Valentinian, der um die Jahrhundertmitte in Rom als Lehrer tätig war. Auch von ihm lassen sich Schüler nennen, wie Ptolemäus und Herakleon von Alexandrien. Die Namen und Wirkungsorte nennen gnostische Schulgründer und geographische Schwerpunkte gnostischer Gemeinden; die ganze Vielfalt ist damit keineswegs genannt. Die erlösende Gnosis wurde in diesen Schulen sorgfältig bewahrt und weitergegeben. Einzelne Gruppen waren an direktem apostolischem Ursprung interessiert. Basilides berief sich auf einen Glaukias, der Dolmetsch des Apostels Petrus gewesen sein soll; nach anderer Quelle soll er vom Apostel Matthias „geheime Worte“ des Herrn empfangen haben. Die Gnosis, die Erlösung und höheres Wissen schenkt, sollte mit solchen Lehrergenealogien als wahr und zuverlässig erwiesen werden. Dem Schüler gab man nicht von Anfang an alle Erkenntnis preis. Erst nach Prüfung und Bewährung wurde ihm die „ganze apostolische

Überlieferung" erschlossen, die seinem Lehrer „auf dem Weg der Nachfolge" zugekommen war (Ptolemäus, an Flora). Die gnostische Offenbarung wurde schriftlich festgehalten. Eine reiche und vielgestaltige gnostische Literatur blieb erhalten und kam besonders durch die Funde von Nag Hammadi (1945–48) ans Tageslicht. Mit Hilfe dieser Originalschriften und der längst bekannten antignostischen Schriften der Kirchenväter wird in Zukunft eine zutreffendere Bestimmung des Gnostizismus möglich.

Offenbarungswort und -schrift band die gnostische Gemeinde zur Einheit zusammen. Sie läßt sich als Schule, Zirkel, Kultverein (Thiasos) oder auch „ecclesiola in ecclesia" bezeichnen. Da das erlösende und befreiende Wort in ihrer Mitte steht, kann sie auf äußere Riten verzichten. Der Verzicht ist jedoch nicht aufrechtzuerhalten. Die Gnostiker kannten auch erlösende Heilshandlungen: Taufe, Ölsalbung, Eucharistie, Sakrament des Brautgemachs. Vielleicht war es Rücksichtnahme auf die Fassungskraft der Mitglieder. Die Aufteilung in Hyliker, Psychiker und Pneumatiker entspricht Stufen der gnostischen Vollendung. Jede Stufe besitzt ihre eigene Weise der Heilszuwendung.

Das in der gnostischen Erkenntnis erfahrene und geschenkte Heil wurde in der gnostischen Ethik demonstriert. Sie ist beherrscht vom Pathos der Freiheit: „Ich bin in das Heiligtum eingetreten; mir kann nichts mehr widerfahren" (Clemens Alex., strom. III 2, 4). Weltüberlegenheit bestimmte die Ethik der Gnostiker. Sie zeigte sich weithin in radikaler Askese. Gnostische Askese ist kämpferisch. Ihr Kampf gilt dem Demiurgen, dem widergöttlichen Schöpfer der materiellen Welt; der Gnostiker lehnt dessen Gaben ab, bedarf ihrer nicht. Die Weltüberlegenheit kann auch zur gegenteiligen Haltung führen: in grenzenloser Libertinage zeigt der Gnostiker dann seine Erhabenheit über die materielle Schöpfung. Mehrheitlich sind die gnostischen Schulen zur asketischen Richtung zu zählen. Die Nachrichten über unbegrenzten Genuß und schrankenlose Ausschweifung gehen vielfach auf das Konto altkirchlicher Ketzerpolemik.

Der Gnostizismus muß als die gefährlichste Krise des Christentums im 2. Jahrhundert angesehen werden. Da er selbst ein Gebilde des spätantiken religiösen Synkretismus war, zog er das Christentum in diese Bewegung hinein, in der es dann seine eigene Form verloren hätte. Seine Grundüberzeugung war mit der christlichen Botschaft nicht zu vereinbaren: der Gnostizismus verneint den Glauben an den Schöpfergott. Er leugnet die Menschwerdung des Gott-Logos und die Geschichtlichkeit der Heilstat Gottes in Jesus Christus. Mit seiner konsequenten Absage an die Welt, gleich ob sie als Schöpfung eines Demiurgen oder als Ergebnis eines Fehltritts, also Produkt der Unvernunft verstanden wird, verwehrt er auch jeden Versuch einer christlichen Weltgestaltung. Doch als Beanspruchung des Christlichen bedeutete er für das nichtgnostische Christentum eine ernste Herausforderung. Offensichtlich erfüllte die Verpflichtung auf die Observanzfrömmigkeit und die Bindung an gemeindliche Autoritäten nicht alle Erwartungen der Christen. Das hohe intellektuelle Angebot der Gnostiker deckte die eigene, ungenügende spekulative Leistung auf. Nicht von ungefähr setzte die Auseinandersetzung mit der Gnosis auf dem ihr angemessenen Niveau erst spät ein: Justin (gest. um 165), Irenäus (gest. nach 200), Tertullian (gest. nach 220) und Hippolyt von Rom (gest. 235). Sie wiesen die Gnosis als „falsche Erkenntnis“ zurück und reagierten angemessen auf die theologische Herausforderung. In ihrem Gefolge erkannten schließlich Männer wie Clemens von Alexandrien (gest. vor 215) und besonders Origenes (ca. 185 bis 253/4) in der kritischen Auseinandersetzung mit dem Gnostizismus Brauchbares und stellten ihm eine wahre christliche Gnosis im eigenen Haus entgegen.

2. Die Reform Marcions

Die gnostischen Zirkel und Schulen wollten sich mit ihren geheimen Offenbarungen und deren treuer Überlieferung als authentisches, höheres Christentum behaupten. Die weitere Entfernung vom Ursprung stellte im 2. Jahrhundert jede christliche Gruppierung vor die unausweichliche Frage, wie sie Identität mit den Anfängen und Kontinuität in der Zeit bewahrt. Daß die Entfernung die Anfänge verdunkeln konnte, zeigte der Gnostizismus mit seiner ungenierten Aufnahme philosophischer und mythologischer Spekulationen. „Zurück zu den Quellen" lautete deshalb ein sachlich ganz richtiges und notwendiges Programm. Es war das Anliegen Marcions, den altkirchliche Polemik zu den Gnostikern zählte. Marcion stammte aus Sinope in Pontus; sein späterer Gegner Tertullian wird ihm die Herkunft aus dem „düsteren Land" vorhalten und als das Schlimmste jener Provinz die Tatsache entdecken, daß dort Marcion geboren wurde (Adv. Marc. I 1). Marcion wurde Schiffsreeder, entfaltete daneben aber ausgesprochen kirchliches und theologisches Interesse. Das brachte ihn mit der Christengemeinde seiner Heimat in Konflikt. Versuche, sich Polykarp von Smyrna anzuschließen, endeten wiederum mit einem Eklat: „Ich durchschaue dich, du Erstgeborener Satans" (Irenäus, adv. haer. III 3, 4). Die römische Gemeinde nahm ihn zunächst auf. Doch im Jahr 144 sah sie sich gezwungen, sich von ihrem angesehenen Gemeindemitglied zu trennen. Marcions Christentum war nicht mit der in Rom vertrauten Form in Einklang zu bringen.

Nicht unberührt von der gnostischen Weltdeutung, folgte Marcion einem strengen Dualismus. Der gnostische Demiurg erhielt bei ihm die Züge des alttestamentlichen Gottes. Der Gott des Alten Testaments ist ein kleinlicher, zorniger, rachsüchtiger Gott. Sein Werk ist diese Welt, von der sich der Christ deshalb entschieden abzuwenden hat.

Gleicherweise hat er das Alte Testament als Offenbarung dieses Gottes vorbehaltlos zurückzuweisen: „Man näht keinen neuen Flicken auf ein altes Kleid; man gießt keinen neuen Wein in alte Schläuche!" (Lk 5, 36–37). Das Alte Testament, für das Urchristentum das einzige heilige Buch, war damit einer christlichen Auslegung entzogen.

Das Christentum mußte auf seine reinen Anfänge zurückgewiesen werden. Diese liegen nach Marcion in der Verkündigung Jesu, in dessen „Evangelium vom unbekannten Gott“. Denn nicht der Gott des Alten Testamentes ist der Vater Jesu Christi, sondern eben jener von ihm verkündete „fremde Gott“. Diese Verkündigung mußte rekonstruiert werden. Seine Ablehnung des Alten Testamentes und seiner Offenbarung führte bei Marcion zu einem konsequenten Antijudaismus. Judaismus stellte er überall in der urchristlichen Verkündigung fest. Jede Berufung auf das Alte Testament, jede allegorische oder typologische Deutung des Alten Testaments auf Christus hin mußte ihm als Judaismus vorkommen. Die ganze bisherige Christusverkündigung war verdorben: „O Christus, geduldigster Herr, wie lange hast du die Verzerrung deiner Verkündigung ertragen, bis jetzt endlich Marcion dir zu Hilfe kam“, schreibt Tertullian in bitterer Ironie (Adv. Marc. I 20). Die unverfälschte Botschaft Jesu entdeckte Marcion bei Paulus. Allerdings rezipierte er nicht den ganzen Paulus; die Pastoralbriefe fanden in seiner Prüfung keine Gnade, und in den übrigen Paulusbriefen wurde der Text bestimmt und entschieden gereinigt. Diese Erhebung einer „reinen Verkündigung“ aus den Anfängen führte zu einem verbindlichen Schriftcorpus, dem „Apostolus“. An dessen Seite fügte Marcion ein „Evangelium“. Dafür bot sich Lukas, der „Paulusschüler“, an; freilich mußte sich auch das Lukasevangelium Korrektur und Kürzung gefallen lassen. Auf diese Weise kam Marcion zu einem kanonisierten Neuen Testament, wenn es auch nur einen Teil des urchristlichen Schrifttums umfaßte. Ob die Verbindung von Apostel und Evangelium seine eigene Schöpfung war, oder war es eine verengte Fortführung kirchlicher Praxis? Begründet war sein normativer Kanon von seinem theologischen Ausgangspunkt; geschaffen wurde er im Interesse einer konfessionellen Bindung seiner Kirche.

Diese fand rasche Ausbreitung. Die Entschiedenheit seines Aufweises von Identität und Kontinuität mag anziehend gewesen sein. Nicht weniger war es die Kompromißlosigkeit seiner Ethik. Sie erinnert an die kämpferische Askese der Gnostiker, mußte sich allerdings später einige Abstriche gefallen lassen. Auch die straffe Organisation seiner Gemeinden mit Episkopen und Presbytern, zu denen später die „Märtyrer" kamen, war auf Verbreitung und Bestand angelegt.

3. Die Restauration des Montanismus

„Im phrygischen Mysien soll ein Dorf namens Ardabau liegen. Daselbst soll ein Mann namens Montanus, einer von denen, die erst zum Glauben übergetreten waren, zur Zeit, da Gratus Prokonsul in Asien war, in dem unbändigen Verlangen, Führer zu sein, dem Widersacher Zutritt gestattet haben; von Geistern beeinflußt, soll er plötzlich in Verzückung und Ekstase geraten sein, so daß er anfing, Laute auszustoßen, seltsame Dinge zu reden und in einer Weise zu prophezeien, die offenkundig der alten kirchlichen Überlieferung und der überkommenen Lehre widersprach" (Eusebius, Kirchengeschichte V 16, 6–8).

Der Text spricht von einer Art Erweckungsbewegung, die in der Zeit von 160–170 in Phrygien aufgebrochen ist. Von Montanus hat sie ihren Namen erhalten. Er trat mit dem Anspruch prophetischer Begabung auf; zwei Frauen, Maximilla und Prisca (Priscilla), wirkten als Prophetinnen neben ihm. Als Propheten verkündeten sie die nahe Wiederkunft des Herrn. Die „neue Prophetie" knüpfte an die urchristliche Naherwartung an; sie verdichtete sie zu genauer zeitlicher und lokaler Ansage: in den kleinen phrygischen Flecken Pepuza und Tymion sollte der Herr wiederkommen und die Seinigen in seinem „Tausendjährigen Reich" versammeln. Diese Botschaft führte zu einem hohen Enthusiasmus und einer radikalen, weltentsagenden Askese unter den Anhängern der Propheten. Die Prophetie selbst war in der Naherwartung begründet. Denn für die „letzten Tage" war die prophetische Begabung verheißen: „In den letzten Tagen will ich meinen Geist ausgießen über alles Fleisch ..." (Apg 2, 17–20).

Die ersten Tage der Kirche waren gleichsam verlängert worden; ihr prophetischer Anfang kam jetzt an ihrem Ende zu seiner Vollendung. Montanus verkündete seine Prophetenansprüche in der Ichform; man sah in ihm deshalb die Inkarnation des johanneischen Parakleten (Joh 16, 7). Die montanistische Prophetie erfaßte weite Kreise; ihr Erfolg zeigt die Anziehungskraft einer angeblichen Restauration der Kirche des Ursprungs. Die Anziehungskraft schwand auch nicht, als die angesagte Weltkatastrophe ausblieb. Die prophetische Sammlungsbewegung bestand weiter. Sie breitete sich auch im Westen aus, wo sie besonders in Nordafrika mit Tertullian zu einer selbstbewußten Kirche heranwuchs. Für ihr kirchliches Selbstbewußtsein blieb die Berufung auf das prophetische Charisma bestimmend: ecclesia in prophetis constat! Das bedeutete nicht, daß jeder Montanist Prophet hätte sein müssen. Ihre kirchliche Erneuerung war von anerkannten Propheten ausgegangen. Ihre Eigenart bewahrten sie sich, indem sie sich entschieden und treu an die Prophetensprüche des Montanus und der beiden Frauen hielten (sog. Oracula der Montanisten). Das verlieh ihren Gemeinden Geschlossenheit. Ihre puritanische Ethik (Ablehnung der zweiten Ehe, strenges Fasten mit der sog. Xerophagie, Unvergebbarkeit der Todsünden) wies sie als „Geistesmenschen" aus, die weit über den psychischen Christen der nicht montanistischen Gemeinden standen.

Für diese bedeuteten die Montanisten eine harte Herausforderung. Denn sie waren nicht einfach als Häretiker abzuschieben. Ihre Geistbegabung und ihre Berufung auf den Geist waren keineswegs unchristlich. Ihre bleibende, angespannte Enderwartung war es ebensowenig. Die Erwartung eines „Tausendjährigen Reiches" teilten sie mit anderen Christen. Die zunächst zaghafte Auseinandersetzung konzentrierte sich schließlich auf die Frage des Geistbesitzes. Irenäus von Lyon, selber Kleinasiate und den Montanisten nicht grundsätzlich feindselig gesonnen, band den Geist Gottes an die Kirche: „Wo die Kirche ist, da ist der Geist Gottes; und wo der Geist ist, da ist auch die Kirche und alle Gnade; der Geist aber ist die Wahrheit" (Adv. haer. III 24, 1). Mit solcher Festlegung war freilich noch nicht allzuviel gewonnen. Hippolyt von Rom, wiederum ein Kleinasiate, bestand auch auf der Geistbegabung aller Gläubigen (Traditio apostolica 16: „Omnes enim habemus spiritum Dei“ (vgl. den verstümmelten Anfang und das Schlußwort seiner „Kirchenordnung“). Aber gleichzeitig sah er die für die Kirche wesentliche Geistbegabung an das kirchliche Amt gebunden. So mußte gegen die montanistische Betonung des Prophetischen die neue Überzeugung gesetzt werden: ecclesia in episcopis constat!

4. Großkirchliche Reaktion

„Seitdem die Christen zu einer Menge angewachsen sind, spalten sie sich und trennen sie sich voneinander, und jeder will sich seine eigene Partei schaffen. Weil sie so zahlreich geworden sind, trennen sie sich voneinander und verdammen sich gegenseitig. So haben sie in Wirklichkeit nur noch eines gemeinsam – wenn sie es überhaupt noch gemeinsam haben – nämlich den bloßen Namen. Dieser ist das einzige, das sie aufzugeben sich schämen. Im übrigen aber hält es von den Parteien die eine so und jene anders“ (Origenes, contra Celsum III 12).

Der Christengegner Celsus (spätes 2. Jahrhundert) wollte mit diesem Lagebericht die Verlogenheit des Christentums aufdekken. Mit seinem Hinweis auf die vielen christlichen Parteiungen hatte er keineswegs Unrecht. Ihre Vielfalt und Widersprüchlichkeit wurden auch von Christen belastend erfahren: „Mein Gott, für welche Zeiten hast du mich aufbewahrt, daß ich solches erleben muß!“ (Polykarp von Smyrna nach Eusebius, Kirchengeschichte V 20, 7). Die bittere Erfahrung forderte eine Reaktion heraus. Wo ist die wahre Kirche, identisch mit ihren Anfängen und in treuer Kontinuität mit ihnen stehend? Marcion hatte mit seinem normativen Kanon und seiner konfessionellen Bindung eine Kirche geschaffen, die diesen Anspruch erfüllen wollte. Aber seine reformerische Reaktion beruhte auf einem rigorosen, geschichtsfremden Dogmatismus, der mit scharfer Trennung und Scheidung in das urchristliche Erbe eingegriffen hatte. Sein „Urevangelium“ war eine „fixe Idee“ und sein neuentdeckter Paulus „ein Phantom“ (H. von Campenhausen).

Die montanistische Restauration wollte mehr als hundert Jahre Kirchenzeit unbekümmert nicht zur Kenntnis nehmen; verliebt in die Anfänge, konnte sie bei allem Ernst und berechtigtem Anspruch den neuen Herausforderungen nicht gerecht werden.

Es gab eine andere Reaktion; sie war in manchem offener und weiter, freilich dann auch unbestimmter und unentschiedener und damit weiteren Zersetzungen, weiterem Auseinanderlaufen ausgesetzt. Blickt man zurück auf einen möglichen Ausgangspunkt, so ist an jene Gemeinden und ihre Theologie zu erinnern, die exemplarisch aus der nachapostolischen Zeit vorgestellt wurden. Werden diese als „frühkatholische Kirche" bezeichnet, dann ist von frühkatholischer Reaktion zu reden. Blickt man auf das Ergebnis des langen und schwierigen Prozesses, die „frühchristliche Großkirche", dann ist von großkirchlicher Reaktion zu reden. Jene Gemeinden der nachapostolischen Zeit zeigten bei aller Unterschiedenheit doch Gemeinsames. Deshalb kann man von „Gemeinden eines Konsenses" reden, einer Übereinstimmung, die auch die Verschiedenheit respektierte. Um ihre Eigenart zu bewahren, reagierten sie zunächst in gemeindlicher Hoheit. Mit dem Ausschluß dessen, der in Lehre und Leben von der gemeindlichen Übereinstimmung abweicht, setzten sie neutestamentliche Praxis fort. Aber solche pastorale Reaktion hatte ihre Grenzen. Was die eine Gemeinde ablehnte, schien der anderen noch erträglich; die Lebensgeschichte Marcions mit ihren Stationen Sinope, Smyrna und Rom demonstriert es. Einen Schritt weiter führte der besorgte und intensivierte Zusammenschluß solcher Gemeinden. Die paulinische „Sorge für alle Gemeinden" (2 Kor 11, 28) lebte dabei weiter und wurde von den jeweiligen Gemeindeleitungen wahrgenommen. Sie wurde keineswegs institutionalisiert, sondern blieb abhängig von Einsatz und Aufmerksamkeit der Verantwortlichen.

Ein Zeichen solcher Anteilnahme und Verbundenheit sind die Gemeindebriefe der nachapostolischen Zeit. Mit gewandelter Gemeindeverfassung wurden aus ihnen die bischöflichen Briefe (Eusebius, Kirchengeschichte IV 23). Solche Briefe konnten mit wirkungsvoller, materieller Unterstützung verbunden sein: „Von Anfang an hattet ihr den Brauch, allen Brüdern auf mannigfache Weise zu helfen und vielen Gemeinden in allen Städten Unterstützung zu schicken. Durch die Gaben, die ihr von jeher geschickt habt, da ihr als Römer einen überlieferten römischen Brauch festhaltet, erleichtert ihr die Armut der Dürftigen und unterstützt ihr die in den Bergwerken lebenden Brüder“ (ebd. 23, 10; Bischof Dionysius von Korinth an Soter von Rom). Dieser Austausch festigte schon bestehende Bande, die einst vielleicht aus ganz persönlichen Beziehungen geknüpft worden waren, und schuf auch neue Verbindungen mit Gemeinden, die sich einig wußten „im Glauben und evangelischem Leben“ (ebd. 23, 2). Diese größere Einheit ging einen gemeinsamen Weg, um „Rechtgläubigkeit und Ketzerei“ voneinander zu trennen.

Dieser Weg wollte die Kirche der Gegenwart bruchlos mit der Kirche des Anfangs verbinden und in der gegenwärtigen Kirche die anfängliche treu bewahrt wissen. Dieses Ziel teilte er mit der Reform Marcions und mit der montanistischen Restauration. Allerdings ging die großkirchliche Reaktion nicht den schmalen Weg einseitiger Auswahl. Alles was in ihren Gemeinden jetzt gelehrt und wie jetzt gelebt wurde, wird in die Anfänge der Kirche zurückgeführt – „omne genus ad originem suam censeatur necesse est“ (Tertullian, de praescr. 20, 7).

Die monepiskopale Gemeindeleitung

An die Stelle der kollegialen Gemeindeleitung trat im Laufe des 2. Jahrhunderts die monepiskopale. Das hatte verschiedene Gründe, die keineswegs überall in gleichem Maße und zur gleichen Zeit zur neuen Gemeindeverfassung drängten. Eine kollegiale Leitung kennt die Rolle des Sprechers. Diese Funktion kann sich verfestigen und Übergangsformen zur monarchischen Führung schaffen. Die urchristlichen Gemeinden zeigten teilweise solche Tendenzen: Paulus wußte sich verantwortlich für alle seine Gemeinden und konnte entschieden und bestimmt eingreifen. Die Verfasser der sogenannten ›katholischen Briefe‹ beweisen gleicherweise diese Tendenz; und 3 Joh 9–10 zeigt die aufkommende Spannung: Diotrephes, der selbst der Erste sein will, wehrt sich gegen die Zusprache der Ältesten. Die Ignatiusbriefe belegten die schroffe Konzentration aller geistlichen Vollmacht auf den Bischof der Gemeinde, neben dem es nur noch abhängige Führung und Verantwortung gibt.

Die Pastoralbriefe gehören mit der Einführung des Apostelschülers (Timotheus und Titus) ebenfalls in diese Entwicklung. Bestellt durch Ordination, soll der Apostelschüler das Apostolische in den Gemeinden erhalten und bewahren. Da der Verfasser der Briefe die christliche Lehre vielfach verzerrt sieht, legt er dem amtlich bestellten Nachfolger die Bewahrung der Lehre auf: „Bewahre das dir anvertraute Gut" (1 Tim 6, 20). Die Verkündigung wird als genau umgrenztes, fest umschriebenes Gut vorgestellt. Das muß zu treuen Händen übergeben werden. Der Amtsnachfolger ist in dieser Argumentation vor allem Lehrnachfolger, weil er die ganze Lehre vom Apostel empfangen hat und zum treuen Weitergeben des Empfangenen bestellt ist. Gerade diese Beweisführung förderte die Entwicklung auf den Monepiskopat hin, wenn auch die Pastoralbriefe ihn noch nicht gekannt haben. Und der Monepiskopat konnte sich später gerade von solcher Überlegung her begründen. Wenn die „Apostolische Überlieferung" überall dort ganz und unverfälscht anwesend ist, wo sie treu und ungebrochen empfangen und weitergegeben worden ist, dann lag es nahe, dafür den Empfänger und Tradenten namhaft zu machen. Auch gnostische Gemeinden legitimierten sich auf diese Weise. Der Lehrer hat die apostolische Paradosis auf dem „Weg der Nachfolge" (Diadoche) erhalten (Ptolemäus, an Flora 7, 9). Für die großkirchliche Gemeinde wurde der Bischof zum Garanten der Rechtgläubigkeit. Er hat die apostolische Lehre empfangen und wird sie weitergeben: „In jeder Stadt, in der ein Bischof auf den anderen folgte, entsprach das kirchliche Leben der Lehre des Gesetzes, der Propheten und des Herrn" (Eusebius, Kirchengeschichte IV 22, 3). Hatte man zu dieser Einsicht gefunden, dann mußte die gegenwärtige, monepiskopale Gemeindeleitung in die Anfänge der Kirche zurückprojiziert werden. Die Apostel mußten als vermeintliche universale Missionare und Gemeindegründer überall einzelne als ihre Nachfolger eingesetzt haben. Eine bruchlose Nachfolgereihe verbürgt die Unverfälschtheit der Lehre und sichert der gegenwärtigen Gemeinde in ihrem Bischof den Träger der apostolischen Vollmacht. Der Kleinasiate Hegesipp hat für die römische Gemeinde eine solche „Bischofsliste“ zusammengestellt (Eusebius, Kirchengeschichte IV 22, 3). Allerdings sind es nur drei Namen aus der Zeit von etwa 150–189; die vorausliegende Zeit wurde von Irenäus von Lyon ausgefüllt; er kennt nach den Gemeindegründern Petrus und Paulus nun eine bruchlose Reihe von Bischöfen bis in seine Zeit. Von Linus, dem Petrus und Paulus „den Episkopat zur Führung der Kirche übergeben haben“, zählt er die Nachfolger namentlich auf: „... jetzt ist seit den Aposteln Eleutherus als zwölfter Bischof in Rom“ (III 3, 3). Die historisch zwar anfechtbare Liste erbringt nach Irenäus den „vollkommen schlüssigen Beweis“, daß jetzt derselbe lebensspendende Glaube in der Kirche verkündet wird, den sie einst von den Aposteln empfangen hat (ebd.). Durch die vorzeigbare Bindung an die Apostel wird die Gemeinde selbst zur apostolischen Gemeinde; von andersgearteten Gemeinden kann sie sich mit diesem Ausweis absetzen. Diese apostolische Gemeinde darf sich als Orientierungspunkt in der vielfachen Beanspruchung des Christlichen wissen: „Auf denn, wenn du deine Wißbegierde im Interesse deines Heiles besser anstrengen willst, reise durch die von den Aposteln gegründeten Gemeinden, bei denen die Lehrstühle der Apostel noch selber an ihrem Platz den Vorsitz innehaben, bei denen ihre eigenen Schriften selber vorgelesen werden und dabei die Stimme eines jeden ertönen lassen und seinen Anblick vergegenwärtigen. Ist dir Achaia am nächsten, so hast du Korinth. Wenn du nicht weit von Makedonien bist, so hast du Philippi. Wenn du nach Asien reisen kannst, so hast du Ephesus. Wenn du aber in der Nähe Italiens wohnst, so hast du Rom, von wo auch wir unsere Vollmacht herleiten“ (Tertullian, de praescr. 36, 1–2).

Das kanonisierte Neue Testament

Marcion hat seinen „Kanon“ nach einem strengen Dogmatismus festgelegt. Die großkirchliche Reaktion, die schließlich ebenfalls zu einem kanonisierten Neuen Testament hinführte, verzichtete auf solche dogmatische Festlegung. Bei ihr spricht man eher von einem „Prinzip der Prinzipienlosigkeit“ (K. Aland). Ein frühes Bemühen um die Schriften aus der kirchlichen Anfangszeit (2 Petr 3, 15–16) führte keineswegs geradlinig auf ein geschlossenes Schriftcorpus hin. Die Gemeinden, an die einst Paulusbriefe gerichtet worden waren, haben diese aufbewahrt; sie wurden in den gottesdienstlichen Versammlungen vorgelesen; auch andere Schreiben blieben so in den Gemeinden lebendig, z. B. in Korinth der sogenannte erste Clemensbrief (Eusebius, Kirchengeschichte IV 23, 11). Die Briefe wurden an gleichgesinnte Gemeinden weitergegeben. Im Austausch wuchs so eine Sammlung geachteter und geschätzter Schriftstücke zusammen. Auch Gefälschtes oder eben erst Geschriebenes konnte auf diese Weise zu Geltung und Ansehen kommen. Papias von Hierapolis (gestorben um 120/30) läßt einiges davon erahnen, wie die nachapostolische Zeit sich um andere urchristliche Schriften sorgte. Er weiß von „Herrenworten“, von einem Evangelium des Matthäus, des Markus und ein paar anderen Schriften. Aber neben diese schriftlichen Zeugnisse stellt er die mündliche Tradition und will sie höher gewertet wissen: „Denn was aus Büchern stammt, scheint mir nicht so viel Nutzen zu bringen wie das, was sich durch mündliche Rede dauernd lebendig erhält“ (Eusebius, Kirchengeschichte III 39, 4). Intensiver und besorgter wandten sich die Gemeinden dem Schrifttum aus der apostolischen Zeit zu, als die Gnostiker ihre Fülle angeblich christlicher Schriften aus apostolischer Zeit in Umlauf brachten. Das rief nach Klärung und Entscheidung. Die einseitige, enggeführte Entscheidung Marcions machte eine kirchliche Entscheidung unausweichlich. Sie hielt entschieden fest am Offenbarungscharakter des Alten Testaments. Die „Heilige Schrift“ Jesu und der Apostel blieb auch Heilige Schrift der Kirche. An ihre Seite trat nun aber ein eigenes Schrifttum, das Achtung und Gehör forderte. Es sind jene Schriften, die um die Mitte des 2. Jahrhunderts in den „im Glauben und evangelischen Leben“ geeinten Gemeinden anerkannt waren; sie waren hier seit alter Zeit bekannt und geschätzt, oder man hatte sie eben von anderen Gemeinden mit dem Etikett des Apostolischen erhalten. Annahme und Anerkennung geschahen nicht durch einen besonderen Akt gemeindlicher Entscheidung, sondern durch den selbstverständlichen Gebrauch im Gottesdienst. Im Lesegottesdienst erschienen neben dem alttestamentlichen Lesegut die „Denkwürdigkeiten der Apostel“ (Justin, apol. I 67). Was der Gläubige hier zu hören bekam, das war ihm jetzt auch Heilige Schrift, weil es die Verkündigung und Unterweisung der von Christus ausgesandten Apostel festhielt. So fügten sich zu den Schriften des Alten Bundes die Schriften des Neuen Bundes; die Kirche besaß nun ein Altes und ein Neues Testament. Hielt sie sich beim Alten Testament an den Kanon der Septuaginta, so ergab sich der neutestamentliche Kanon aus dem faktisch vorhandenen Schriftgut aus apostolischer Zeit. Im Zweifelsfall war die Entscheidung über die Apostolizität keineswegs leicht zu fällen. Bischof Serapion von Antiochien (Ende des 2. Jahrhunderts) hatte in einer benachbarten Gemeinde von einem ›Petrus-Evangelium‹ gehört und an der Schrift keinen Anstoß genommen. Erst spätere Nachprüfung führte ihm deren häretischen Charakter vor Augen und ließ ihn das frühere Zugeständnis widerrufen (Eusebius, Kirchengeschichte VI 12, 3–6). Das älteste Kanonverzeichnis (sogenanntes Muratorisches Fragment, Ende 2. Jahrhundert in Rom geschrieben) läßt den Entwicklungsstand der altkirchlichen Bemühungen um ein verbindliches, normatives Schrifttum aus apostolischer Zeit erkennen. Kanonisch ist bei ihm die Schrift, die für den gottesdienstlichen Gebrauch Anerkennung gefunden hat (recipi potest). Was nicht zu solcher Verwendung kommen darf, ist unkanonisch; von den Schriften der Gnostiker heißt es: Sie nehmen wir nicht auf. Das gleiche gilt von einem gefälschten Laodicenerbrief des Paulus. Andererseits erfreut sich die ›Weisheit Salomos‹ der Anerkennung; sie kann aufgenommen werden. Die beiden Beispiele zeigen die Unklarheit: formale Apostolizität im ersten Fall genügte nicht zur Anerkennung, doch wohl deshalb, weil jener Laodicenerbrief nicht allgemein in den Gemeinden rezipiert war. Im zweiten Fall erfolgt die Anerkennung, obwohl keine apostolische Autorschaft angegeben ist. Unsicher gibt sich das römische Verzeichnis in der Petrusapokalypse: einige wollen sie nicht verlesen wissen. Ein klares Prinzip taucht schließlich beim ›Hirten des Hermas‹ (um 150 in Rom geschrieben) auf. Ihm bleibt die offizielle Rezeption versagt, weil er eben erst geschrieben wurde; denn die von den Propheten und Aposteln getragene Offenbarungszeit ist vor ihm zu Ende gegangen. Die Hermas-Schrift wird damit aber nicht als häretisch abgewiesen. Sie erhält nur eine geringere Zensur; für die private Lektüre wird sie zugelassen.

Der unkontrollierte Prozeß der Kanonisierung neutestamentlicher Schriften führte gegen Ende des 2. Jahrhunderts zu einem beachtlichen Ergebnis. Die Beantwortung einzelner Fragen und die endgültige Entscheidung blieben einer späteren Zeit vorbehalten. Die Zufälligkeit des vorläufig Erreichten wurde schnell übersehen. Schon Irenäus bemühte sich, die vier Evangelien als unbedingt und unantastbar auszugeben: „Denn es versteht sich, daß es weder mehr noch weniger als diese (vier) Evangelien geben kann ... Das Wort Gottes selbst hat uns ein viergestaltiges Evangelium gegeben" (III 11, 8). Und er lieferte den Beweis dafür aus der Natur und der Heilsgeschichte.

Die lebendige apostolische Überlieferung

Die großkirchliche Reaktion trug alles zusammen, um sich als die einzige Erbin und alleinige Sachwalterin der Kirche aus der Anfangszeit zu behaupten. Wenn im Anfang schon alles grundgelegt worden war, kann alle nachfolgende Kirchenzeit nur empfangende und bewahrende sein. Die apostolische Zeit war die Stunde der Verkündigung; die Zeit fern der Apostel kann nur die Stunde des Glaubens sein: „Ohne Mühe kann man die Wahrheit von der Kirche in Empfang nehmen. In sie haben die Apostel wie in eine reiche Schatzkammer alles ganz vollständig hineingetragen, was zur Wahrheit gehört, so daß jeder, der will, aus ihr den Trank des Lebens schöpfen kann" (Irenäus III 4, 1).

Sicherheit im Glauben und damit im Heil ist also nur in der Treue zur Tradition gegeben. Diese ist erwiesen, wo der Bischof alle apostolische Vollmacht für die Kirche der Gegenwart bereithält. Wenn bei Irenäus „Nachfolge der Presbyter" und „Nachfolge der Bischöfe" noch nicht sauber geschieden sind, dann spiegelt sich darin die geschichtliche Entwicklung. Entscheidend ist der Begriff der Sukzession; gerade mit ihm wird die personale Vergegenwärtigung des Apostolischen möglich. Den Inhalt der apostolischen Verkündigung besitzt diese Kirche vorzeigbar im kanonisierten Neuen Testament. Damit hatte sie sich allerdings an eine Norm gebunden, die nicht leicht auf einen Nenner zu bringen war. Die Widersprüchlichkeit der Evangelien war nicht nur dem Christengegner Celsus aufgefallen (Origenes, contra Celsum II 27; V 56). Sie bereitete auch im eigenen Haus Schwierigkeiten. Sie wurden überwunden, indem die schriftlichen Berichte selbst in den Zusammenhang der Tradition eingerückt wurden. Vor der schriftlichen Festlegung liegt ja die mündliche Verkündigung der Apostel. Das erhaltene und jetzt anerkannte Schrifttum ist der Niederschlag jener Predigt. Seine Deutung kann deshalb nur in Zusammenhang mit der ganzen apostolischen Tradition geschehen. Irenäus konnte sogar formulieren: „Hätten die Apostel nichts Schriftliches hinterlassen, so müßte man eben den Ordnungen der Tradition folgen, die sie den Kirchen übergeben haben" (III 4, 1). Denn durch ihre Predigt haben sie die vollendete Verkündigung Christi in die Gemeinden hineingesprochen. Diese haben die apostolische Predigt aufgenommen, bewahrt und weitergegeben. Sie mag sich hier in verschiedener Weise entfaltet, die Hülle verschiedener Sprache angenommen haben, ihre Substanz ist überall ein und dieselbe (I 10, 2: virtus traditionis). Durch die überall gleich durch die Zeiten getragene apostolische Verkündigung steht die Kirche der Gegenwart ungebrochen mit der Urkirche in Einklang. Die großkirchlichen Gemeinden entdecken daraus einen neuen Beweis für ihre Rechtgläubigkeit. Sie sprechen von der „Glaubens- oder Wahrheitsregel“ (regula fidei, regula veritatis). Mit dem Begriff der Regel (des Kanon) verweisen sie auf die Normativität. Der Inhalt ist nicht leicht zu bestimmen. Manchmal scheint sie ein genau formuliertes Glaubensbekenntnis zu sein. Aber solche Formeln sind wohl nur als Verobjektivierung der weitergehenden Glaubensregel anzusehen. Sie umgreift alles, was in Unterweisung und Verkündigung in den Gemeinden vorgetragen wurde. Vielleicht läßt sie sich als „evangelium receptum“ erfassen, womit die Aufnahme und die Weitergabe der Zentralthemen des apostolischen Kerygmas gemeint sind.

Die regula fidei, das kanonisierte Neue Testament und der bischöfliche Apostelnachfolger werden gern als Normen der Kirche des ausgehenden 2. Jahrhunderts bezeichnet. C. Andresen spricht vom „Normendreieck“ und stellt die apostolische Sukzession des Episkopats an dessen Scheitelpunkt. Die Normativität jener drei Größen und ihr Ausweischarakter für die Rechtgläubigkeit sind sicher anzuerkennen. Nicht so einfach ist ihre Zuordnung. Die umfassende Norm scheint doch die Glaubens- oder Wahrheitsregel als „Summe der Schriftwahrheiten“ zu sein. Ihr zur Seite treten das Neue Testament als schriftlich überlieferte Festlegung der apostolischen Verkündigung und der Bischof als personalisierte Vergegenwärtigung dieser Verkündigung und der mit ihr verbundenen geistlichen Vollmacht, zu der gerade auch die verbindliche Deutung des „evangelium receptum“ gehört.

5. Die Anziehungskraft des Christentums

„Rechtgläubigkeit und Ketzerei“ wurden in den Entscheidungsvorgängen des 2. Jahrhunderts voneinander geschieden. Im Klärungsprozeß hat sich die frühchristliche Großkirche als Mehrheitskonfession behauptet. Doch neben ihr und gegen sie standen die anderen christlichen Gruppierungen. Herausfordernd und beunruhigend begleiteten sie den großkirchlichen Weg. Trennung und Verurteilung waren auf beiden Seiten lediglich kirchliche Instrumente. Vom römischen Staat konnte noch keine Amtshilfe erwartet werden, und die nichtchristliche Öffentlichkeit hat die feinen Unterscheidungen von wahr und falsch kaum zur Kenntnis genommen oder sie mit Verachtung angeprangert. Dabei breitete sich in diesem Jahrhundert der christliche Glaube still und kontinuierlich aus. Die Attraktivität des Christentums ist nicht leicht zu erklären; das missionarische Ergebnis jedoch beweist sie. Wenn Celsus von den Christen schrieb: „Sie sind ein Schwarm von Fledermäusen, Ameisen, die aus ihrem Bau herauskommen, Frösche, die um einen Sumpf herum Sitzung halten, Regenwürmer, die sich in einem dreckigen Winkel versammeln und miteinander streiten, wer von ihnen der größte Sünder sei" (Origenes, contra Celsum IV 23), dann gab er verbreitete Feindseligkeit gegen die Christen wieder. Aber keineswegs war damit das einzige Urteil über die Christen gesprochen. Die bittere, sarkastische Ablehnung des Christentums war vielleicht auch von offener Wut über die kleine, selbstbewußte religiöse Minderheit diktiert, auf die man allenthalben stieß. Das zahlenmäßige Anwachsen der Christen verdankte sich einmal dem natürlichen Wachstumsprozeß. Auch wenn Tertullian behauptet: „Zum Christen wird man; man wird nicht dazu geboren" (Apol. 18, 4: „Fiunt, non nascuntur christiani"), so ist das Hineinwachsen in das Christentum im Kreis einer christlichen Familie doch nicht auszuschließen. Sicher fand die Mehrheit in bewußter Bekehrung den Weg zum christlichen Glauben. Die wenigen Bekehrungsberichte aus jener Zeit lassen die Bekehrungsmotive kaum deutlich erkennen. Der aus Samaria stammende Justinus hat seine Bekehrung beschrieben. Da ist die Suche nach der Wahrheit das treibende Motiv. Aber Justin gibt sich als Philosoph aus und will zur wahren Philosophie finden. In seiner Wahrheitssuche wird er von den Peripatetikern, Pythagoräern und auch von den Platonikern enttäuscht. Erst die alttestamentliche Gottesoffenbarung erschließt ihm die Wahrheit und führt ihn zum christlichen Glauben: „Seht, wie und warum ich zum Christen geworden bin" (Dial. 2 – 8). Das Christentum ist hier die „wahre Philosophie"; in freundlicher Großzügigkeit gesteht Justin der griechischen Philosophie teilweise Erkenntnis der Wahrheit zu. Denn auch dort war Christus als der göttliche Logos schon am Werk und streute „Samenkörner der Wahrheit“ aus. Das Christentum als Sammlung und Vollendung der vorchristlichen Weisheit – das mag für intellektuelle Kreise ein beachtliches Angebot gewesen sein. Auch Clemens von Alexandrien kann als Zeuge für solchen Bekehrungsweg beansprucht werden. Zwischen dem Fragen der Philosophen – „Gott zu schauen, ist das eigentliche Ziel der Philosophie“ (Justin, dial. 2) – und dem Angebot der Christen konnte heimliche Übereinkunft festgestellt werden.

Dieses heimliche Übereinkommen ließ sich auch im Angesicht der griechisch-römischen Religion behaupten. Was in Apg 17, 22–23 in artiger Verbeugung vor der antiken Religiosität gesagt worden war, wurde im 2. Jahrhundert aufgenommen und fortgesprochen (sogenannte frühchristliche Apologeten). Die antike Kritik an allzu menschlichen Gottesvorstellungen kam der christlichen „Missionspredigt“ zu Hilfe. Was die Götterkritik bekämpfte, bekämpfte auch das Christentum. Wonach eine geläuterte Religiosität suchte und fragte, genau das brachte das Christentum: den Glauben an den einen Gott und an einen göttlichen Mittler, der den fernen Gott wieder nahe brachte. Einer entstellten, falschen Religion brachte das Christentum die wahre Religion entgegen. „Was wir verehren, ist der eine Gott, von dem dieser ganze Weltenbau stammt ... Soll ich ihn euch aus seinen eigenen vielen und großen Werken, durch die wir bewahrt, durch die wir erhalten, durch die wir erfreut und durch die wir auch erschreckt werden, soll ich ihn euch aus dem Zeugnis der Seele selbst beweisen? ... ‘Gott ist gut und groß’ und ‘das gebe Gott’ sind Wendungen, die jeder gebraucht. Auch als Richter bezeugt ihn die Seele, wenn sie sagt: ‘Gott sieht es’ und: ‘Ich überlasse es Gott’ und ‘Gott wird mir’s vergelten’. Welch Zeugnis der von Natur aus christlichen Seele! Und wenn sie dies ausspricht, blickt sie nicht hin zum Kapitol, sondern zum Himmel. Sie kennt ja den Sitz des lebendigen Gottes; von ihm und dorther ist sie herabgestiegen“ (Tertullian, apol. 17, 1–6).

Es ist zwar nicht das „testimonium animae naturaliter christianae“, sondern eher ein „testimonium animae naturaliter religiosae“, aber gerade an ein solches Übereinkommen konnte die christliche Verkündigung anknüpfen. Sie brauchte nicht lang und breit die Plausibilität von Gott und Religion darzulegen. Sie konnte sofort mit der Diskutabilität ihrer eigenen Religion beginnen. Und Religion war eine vielgefragte Ware auf dem Markt der Meinungen. Der christliche Glaube wurde als einfache Lehre verkündet, das christliche Leben in eine schlichte Ethik eingefaßt. Das Ideal der christlichen Bürgerlichkeit deckte sich mit den konservativen Tendenzen der Zeit (vgl. den ›Pädagogen‹ des Clemens von Alexandrien). Andererseits stellte die maßvolle christliche Askese höhere Ansprüche zufrieden. Vor allem aber erschien die christliche Religion als organisierte Religion. Man fand sie in der festen Gemeinschaft der Ortsgemeinde. Sie konnte sich ihre Anziehungskraft ungebrochen bewahren. Wenn eine feindliche Umgebung sie verdächtigte, so wurde sie dadurch interessanter und regte neugierige Fragen an. Im Innern schenkte sie die Erfahrung umfassender Gemeinschaft. Man war, ob reich oder arm, „eins in Christus“. Das führte keineswegs zu einer sozialen Revolution, gab aber den Christen Geborgenheit und vor allem den kleinen Leuten ein hohes Selbstbewußtsein. Wieder ist es Celsus, der häufig diese neue Art von Gemeinschaft anprangert; „jede andere Religion nähme nur anständige Leute auf, Gebildete und Unbescholtene. Aber die Christen sammelten mit Leidenschaft das Lumpengesindel um sich, gerade als ob Gott ein Räuberhauptmann wäre“ (Origenes, contra Celsum III 48–61 u. a.). Durch freiwillige Spenden und nach und nach auch durch eigenen Besitz konnte die Gemeinde wirtschaftlich tätig werden. Ihre karitative Leistung in Armenhilfe, Wanderfürsorge und Begräbnisdienst verstärkte ihr Ansehen. „Seht, wie sie einander lieben“, sollen sogar die Heiden staunend festgestellt haben (Tertullian, apol. 39, 7).

Als weiterer Beweggrund für das Christwerden gilt das Martyrium. Dabei hat wiederum Tertullian das entscheidende Wort formuliert: „Ein Same ist das Blut der Christen“ (Apol. 50, 13:

„Semen est sanguis christianorum"). Eine werbende Wirkung des Martyriums kann nicht übersehen werden. Aber einmal war das christliche Martyrium im 2. Jahrhundert keineswegs ein alltägliches Erlebnis. Zum andern wird seine Wirkung vor allem in das eigene Haus gereicht haben. Es bestärkte den Glaubensgenossen auf seinem Weg. Jenseits der eigenen Überzeugung konnte es auch abstoßend gewirkt haben. Kaiser Marc Aurel (161–180) zeigte sich wenig beeindruckt von der Todesbereitschaft christlicher Martyrer (11, 3). Seine geringe Meinung vom christlichen Martyrium aber war keine singuläre Ausnahme.

Chronologische Zusammenfassung:

Ca. 100	Heterodoxes Judenchristentum: Korinth, Ebioniten, Elchasaiten
ab 130	Schulbildungen des Gnostizismus
135/40	Gnostiker Valentinian in Rom
144	Marcion aus der römischen Gemeinde ausgeschlossen
ca. 140–200	Irenäus von Lyon
ca. 150–215	Clemens von Alexandrien
ca. 165	Martyrium Justins in Rom
ca. 160–220	Tertullian
ca. 160–170	Dionysus von Korinth; Soter von Rom
ca. 170–235	Hippolyt von Rom
ca. 185–253/4	Origenes
ab 160–170/80	Montanismus
ca. 180	Celsus, Wahre Rede (gegen die Christen)
ca. 180	Hegesipp, Hypomnemata
ca. 180	Irenäus, Römische Bischofsliste
vor 200	Römisches Kanonverzeichnis (Canon Muratori)

III. DIE FRÜHCHRISTLICHE GROSSKIRCHE

Wer die Kirche nicht zur Mutter hat,
kann Gott nicht zum Vater haben.
(Cyprian, de unitate eccl. 6)

Aus der innerchristlichen Auseinandersetzung des 2. Jahrhunderts ging als Mehrheitskonfession die frühchristliche Großkirche hervor. Da sie das urchristliche Erbe für sich allein beanspruchte, wurde sie zum eigentlichen Träger des kirchlichen Geschehens. In diesem Anspruch blieb sie freilich nie unangefochten. Die ausgeschiedenen christlichen Gemeinschaften existierten weiter neben ihr, und bald wurden in ihrem eigenen Raum neue Entscheidungen notwendig, die wiederum zu Scheidung und Trennung führten. Der Klärungsprozeß hatte zu einer Einigung in der Lehraussage geführt und zur gefestigten gemeindlichen Organisation. Diese gipfelte im Bischof, so daß die frühchristliche Großkirche als typische Bischofskirche erscheint: „Der Bischof ist in der Kirche, und die Kirche ist im Bischof; und wenn einer nicht mit dem Bischof ist, ist er auch nicht in der Kirche" (Cyprian, ep. 66, 8).

1. Das Gemeindeleben

Die vorher geschilderte Anziehungskraft der Gemeinden blieb ungeschwächt erhalten. Mit ihr vermochte sich das Christentum kontinuierlich weiter auszubreiten. Die Ortsgemeinden wuchsen, das verbindende Netz wurde enger: „Überall fand ich Glaubensbrüder . . . Pistis (Glaube) zog mir überall voran und setzte mir vor als Speise an jedem Ort den Fisch von der Quelle, groß und rein, den gefangen eine reine Jungfrau" (Aberkios-

Inschrift, frühes 3. Jahrhundert). Die am Ort lebende Christengemeinde war nicht auf laute Propaganda angewiesen; im Gegenteil, sie konnte dem Bewerber mit Forderungen entgegentreten. Das Katechumenat wurde als Zeit behutsamer Einführung und sorgfältiger Prüfung vor die Aufnahme in die Gemeinde gestellt. Im Regelfall sollte es drei Jahre dauern. In dieser Zeit sollte der Taufbewerber in die Grundlehren des Christentums eingeführt und von der Gemeinde in seiner Lebensführung geprüft werden. Diese langsame Hinführung zur Taufe, die am Ende des Katechumenats gespendet wurde, zeigt eindrucksvoll das Selbstbewußtsein der altkirchlichen Gemeinde. Zur Vorbereitungszeit wurde auch nicht jeder Bewerber zugelassen. Er mußte Zeugen für die Ernsthaftigkeit seiner Bekehrung benennen. Ein Beruf, der mit Götzendienst oder Unsittlichkeit verbunden war, mußte aufgegeben werden (Hippolyt, trad. apostolica 16). Die Heiligkeit der Kirche wurde in ethischen Anspruch umgesetzt. Allerdings korrigierte die Wirklichkeit die hohen Ansprüche immer wieder. Dem Angehörigen des Militärs, der um die Taufe bat, wurde auferlegt, nicht zu morden und den Militäreid nicht zu schwören; den möglichen Konflikt mußte er selbst durchstehen. Dem Lehrer, der im Unterricht die alten Göttersagen zu erklären hatte, wurde der Berufsverzicht nahegelegt; konnte er aber mit keiner anderen Arbeit sein tägliches Brot verdienen, dann ließ ihn die Gemeinde in seinem Lehrberuf. Und das weitere 3. Jahrhundert zeigt, daß die Pastoral zum Kompromiß bereit war und vieles der Gewissensentscheidung des einzelnen überlassen blieb.

Der Getaufte fand in der Ortsgemeinde seine religiöse Heimat. Das war jedoch nicht mehr die kleine, überschaubare Gemeinschaft der nachapostolischen Zeit. Die Heilserfahrung und Heilsvermittlung in der Gemeinde wurde jetzt eingeschränkt. Die Versammlung der Gemeinde, der Gottesdienst, wird zum qualifizierten Ort solchen Erlebens. Das war die sonntägliche Eucharistiefeier, zu deren Mitfeier die Christen nachdrücklich ermahnt wurden. Ihr Ritus hatte zu fester Form gefunden. Jene Zweiteilung in Wort- und Opfergottesdienst, die schon Justin

(Apol. I 65) beschrieben hatte, bestimmte ihren Ablauf. Die Gemeinde verstand die Eucharistiefeier als ihr gottgefälliges Opfer, als das einst in Mal 1, 10–11 angekündigte „reine Opfer“. Sie hielt sich dabei an die heilsgeschichtliche Kontinuität: „Das Opfer an sich ist nämlich nicht verworfen worden, denn Opfer sind hier wie dort – im Alten Bund und in der Kirche –, nur die Art des Opfers hat sich geändert“ (Irenäus IV 18, 2: genus oblationum – species oblationum). Da nun auch ohne Bedenken die priesterliche Terminologie in die Kirche aufgenommen und die Gemeindevorsteher als Priester verstanden wurden, konnte der Opfercharakter der Eucharistie unterstrichen werden.

Die ursprüngliche Einheit von gemeinsamem Essen und Eucharistiefeier war längst aufgegeben. Aber die Erinnerung daran war nicht vergessen. Die Gemeinde versammelte die Mitglieder zur Agape, einer stilisierten Mahlfeier, die wiederum Gemeinschaft erfahren ließ oder als Ausdruck christlicher Caritas Armen und Hilfsbedürftigen Unterstützung gewährte.

Die geglaubte Gemeinschaft der Lebenden und der Toten fand im Gedenken der Martyrer ihre eigene Feier; das Jahresgedächtnis des Martyrers ist zum ersten Mal im Martyrium des Bischofs Polykarp von Smyrna (um 160?) bezeugt. Im Laufe des 3. Jahrhunderts fügte die Gemeinde die Gedenktage ihrer Martyrer in ihren Festkalender ein. Die Erinnerung an die vollendeten Schwestern und Brüder wurde zum Fest der Gemeinde. Wenn die Predigt vor der Gefahr der heidnischen Spiele und Theater warnte, dann mußte sie auf eigene Schauspiele verweisen. Tertullian zählte das Martyrium zu den „spectacula christiana“ (De spect. 29). Die Gemeinden nahmen das Angebot an und feierten die Gedenktage an ihre Martyrer als solche „spectacula“, die als „Laetiliae“ bezeichnet wurden. Diese Feiern sind schnell Gegenstand besorgter Ermahnung geworden und durch die ganze Zeit der Alten Kirche hindurch geblieben.

Doch auch den verstorbenen Gläubigen galt die Sorge der Gemeinde. Die wirtschaftlichen Verhältnisse ermöglichten seit dem frühen 3. Jahrhundert den Unterhalt eigener Friedhöfe. Tote bestatten war ein Werk der Barmherzigkeit. Es wurde als

Dienst der Gemeinde erkannt, der besonders den Armen der Gemeinde zugute kam (Hippolyt, trad. apostolica 40).

Die Gemeinden brauchten den Versammlungsort. Mit der urchristlichen Versammlungsweise – „reihum brachen sie in den Häusern das Brot“ (Apg 2, 46) – konnten die Ansprüche der Gemeinde nicht mehr erfüllt werden. Sie verfügte jetzt über feste Versammlungsmöglichkeiten, die „Hauskirche“. Im fernen Dura-Europos am Euphrat wurde eine solche Anlage aus dem frühen 3. Jahrhundert entdeckt. Sie verrät die Herkunft aus dem privaten Wohnhaus, das der Gemeinde zur Verfügung gestellt und für ihre Versammlungen adaptiert wurde. Aber das 3. Jahrhundert brachte auch schon die anspruchsvollere „Domus ecclesiae“, wenn wir die Anklagen gegen den antiochenischen Bischof Paul von Samosata ernst nehmen: er errichtete in seiner Kirche für sich eine Bühne und einen hohen Thron (Eusebius, Kirchengeschichte VII 30, 9). Auch die syrische Didaskalie läßt an einen stattlicheren Versammlungsort denken. Sie kennt den festen Platz für die Presbyter an der Ostseite der Kirche; mitten hinein stellt sie den Thron des Bischofs. Die Platzordnung der Gemeinde wird genau beschrieben und biblisch begründet: mit einer Herde hat der Herr seine Gemeinde verglichen (Kap. 12). Schließlich verlangten die Bischofssynoden, die zu selbstverständlichen Einrichtungen in der frühchristlichen Großkirche wurden, die angemessene Versammlungsmöglichkeit. Wenn dabei im „Angesicht des Volkes Gottes“ entschieden wurde, sind auch dafür größere Räumlichkeiten anzunehmen. Diese für den Gottesdienst und die Liturgie ausgesparten und eingerichteten Räume waren es neben den Grabanlagen der Katakomben, die eine bescheidene christliche Kleinkunst entstehen ließen. Das durch die Kirche vermittelte Heil sollte den Gläubigen im frommen Bild nahegebracht werden; biblische Szenen, die von Heil und Rettung erzählten, waren das Sujet jener darstellenden Kunst.

Doch der Christ lebte in der heidnischen Umgebung. „Er bewohnt keine eigenen Städte, bedient sich keiner abweichenden Sprache und führt kein absonderliches Leben“ (An Diognet 6).

Hier sollte er sich als Gläubiger bewähren. Welche Hilfe gab man ihm dafür? Einmal war es das tägliche Gebet, zu dem die Christen angeleitet und aufgefordert wurden. Das Kreuzzeichen sollte ihn an das gefundene Heil erinnern und in Gefahr beschützen. Solchen Schutz sollten ihm auch Amulette mit christlichen Symbolen bieten, die er tragen durfte. Der Besuch in der Kirche und das Gebet sollten ihm ebenfalls Hilfe für den Alltag sein: „Wer in der Kirche betet, an dem wird das Böse des Tages vorübergehen" (Hippolyt, trad. apostolica 41). Im übrigen sollte sich der Christ an die bewährte Observanzfrömmigkeit halten. Die praktikable, vor allem aus der Stoa genommene Ethik bot ihm den Maßstab für sein Handeln. Die christliche Deutung dieser Vorlage wurde weitergeführt; das geschah im lateinischen Bereich vor allem durch Tertullian; im griechischen Bereich darf Clemens von Alexandrien genannt werden, der in seinem ›Pädagogen‹ den Gläubigen ihr „christliches Anstandsbuch" an die Hand gab: Christus als der „göttliche Pädagoge" will zum rechten Handeln anleiten; er will die Seele besser machen, nicht gescheiter; er will zu einem sittsamen Leben den Weg weisen, nicht zu einem gelehrten.

2. *Der Klerus*

Bei allen Unterschieden von Gemeinde zu Gemeinde ist die einheitlich entschiedene Klerikalisierung festzustellen. Die Ortsgemeinde hat im Klerus ihre eindeutige Führungsschicht gefunden. An seiner Spitze steht der Bischof, dessen Autorität fest begründet ist: „Die Meinung unseres Herrn Jesus Christus ist eindeutig: er sandte seine Apostel aus, übertrug ihnen die Vollmacht, die ihm vom Vater gegeben war. Ihre Nachfolger sind wir, die wir in gleicher Vollmacht die Kirche des Herrn lenken" (Protokoll des Konzils von Karthago aus dem Jahr 256). Der Bischof führt die Gemeinde in apostolischer Vollmacht. Er kommt durch Wahl und Weihe in sein Amt. An der Wahl des neuen Bischofs ist die Gemeinde konstitutiv beteiligt. Ihre Zustimmung zum Wahlvorschlag durch Akklamation ist entscheidend. Allerdings kann sie durch ihr „suffragium“ keine geistliche Vollmacht übertragen. Das geschieht allein durch die Weihe, die wiederum nur von einem Bischof gespendet werden darf. Nur er kann den ihm eigenen „Führer- und Lenkergeist“ weitergeben. Gott selbst stattet ihn durch die Weihe mit der Führungsgabe aus; es ist jener Gott, der im Alten Bund Führer und Priester für sein Volk bestellt hat und seinem geliebten Sohn Jesus Christus diesen Geist mitgeteilt hat, der ihn seinerseits seinen Aposteln gegeben hat. Das Weihegebet (Hippolyt, trad. apostolica 3; vgl. auch syr. Didaskalie) macht am Bischof die heilsgeschichtliche Kontinuität von Altem und Neuem Bund fest. Das alttestamentliche Priestertum findet nun im Bischof seine Fortführung. Als dem „Hohenpriester“ der Gemeinde sind alle geistliche Vollmacht und alle Verantwortung in seine Hand gelegt. Daraus folgt, daß auch deren Verteilung seine Sache ist. Er wählt, wenn auch mit Zustimmung des Volkes, die Presbyter und Diakone für ihren Dienst aus. Auch ihre Berufung erfolgt in den beiden Schritten von Wahl und Weihe. Und ihre Begründung geschieht wiederum durch Hinweis auf alttestamentliche Ordnung und apostolische Einsetzung. Die hierarchische Stufung der Gemeindeleitung ist klar herausgestellt. Sie ist aber doch nicht ganz eindeutig. Der Diakon nämlich wird unmittelbar zum Dienst des Bischofs bestellt (Hippolyt, trad. apostolica 8: ordinatur in ministerium episcopi; syr. Didaskalie 16). In der Weiheordnung steht er unter den Presbytern; durch seine Bindung an den Bischof und die damit verbundene Aktivität in der Gemeinde dürfte ihm hier jedoch die wichtigere und angesehenere Rolle zugekommen sein.

Diese Dreiteilung der Gemeindeleitung darf für die ganze Kirche angenommen werden. Unterschiede zeigen sich aber in der weiteren Entfaltung des Gemeindeamtes. Die institutionalisierte Taufvorbereitung gab dem Lehrer und Katecheten einen festen Platz in der Gemeindeordnung. Das Anwachsen der Gemeinde erforderte weitere Helfer. Dem Diakon wurde der Subdiakon an die Seite gegeben. Die Ordnung des Gottesdienstes und die Regelung des Gemeindelebens führten zum Dienst des Lektoren und Ostiariers, des Akolythen und des Exorzisten. Pastorale Bedürfnisse gaben auch der Frau amtliche Beauftragung: die Kirchen im Osten bestellten Frauen zu Diakonissen. Wenn sie in den Kirchen des Westens nicht genannt werden, wird hier der „ordo" der Witwen und Jungfrauen zu solchem Dienst berufen worden sein. Im Laufe des 3. Jahrhunderts verfestigte sich diese Ordnung der Gemeindeämter. Es entwickelte sich eine klerikale Laufbahn, nicht unvergleichbar dem römischen „cursus honorum". Der langsame Aufstieg durch die klerikalen Dienste erschien als beste Vorbereitung und gründliche Schulung.

Die Gemeinden kennen jetzt fast nur noch den geordneten und genau festgelegten Zugang zum kirchlichen Amt durch die Weihe oder durch offizielle Einsetzung und Nominierung. Für einen freien Zugang blieben nur wenige Lücken. So wurde man in Rom als Krankenheiler in der Gemeinde anerkannt, indem man sich eben als Krankenheiler auswies. Die persönliche Begabung, das Charisma setzte in diesen Dienst ein. Für die höheren Ämter gab es nur noch eine Ausnahme: das qualifizierte Glaubensbekenntnis in der Verfolgung. Der „Confessor", jener Christ, der während einer Verfolgung für seinen Glauben leiden mußte, konnte Diakon und Presbyter ohne Wahl und Weihe werden. Sein Zeugnis für den Glauben hat ihn als Geistträger ausgewiesen. Denn nur im Heiligen Geist kann solches Zeugnis gegeben werden. Aber auch dieser freie Zugang verschwand bald aus den Gemeindeordnungen. Die Verfolgung unter Kaiser Decius (249–251) bescherte den Gemeinden eine größere Zahl von Confessores. Sie konnten nicht alle mit angesehenen Gemeindeämtern bedacht werden. Bei Cyprian von Karthago wurden sie zu bevorzugten Anwärtern für ein Gemeindeamt und durch andere Auszeichnungen geehrt. Aber die „Ämterlaufbahn" mußte auch von ihnen respektiert werden.

So zeigten sich die Gemeinden als wohlgeordnete Körperschaften. Schon Tertullian hatte zur Selbstvorstellung gefunden: „Eine Körperschaft sind wir durch die innere Verbundenheit im

Glauben, durch die Einheit unseres Lebens und den Bund unserer Hoffnung“ (Apol. 39, 1: „Corpus sumus de conscientia religionis et disciplinae unitate et spei foedere“). Jede Gemeinde und die ganze Kirche sind dieses corpus. Dem Klerus kommt die führende Rolle zu. In dieser Eigenschaft stehen die Kleriker dem „Volk Gottes“ gegenüber. Aber sie sind genauso wie das Volk in der Kirche. Immer wieder wird ihnen gesagt, daß sie aus der Gemeinde kommen, in ihr selbst erzeugt sind, daß die Gemeinde sie berufen hat, weil sie sie würdig für solchen Rang befunden hat.

3. Die Einheit der Kirche

Die Kirche wurde unmittelbar am Ort erfahren. Der Getaufte wurde Mitglied einer Ortsgemeinde. Der in einen besonderen Dienst Berufene wurde für die jeweilige Gemeinde bestellt. Die Einzelgemeinde ist die ummauerte Stadt, in die man sich zurückziehen muß, damit man nicht vom Feind gefangen und umgebracht wird; sie ist der Ort des anwesenden Heiles. Sie steht jedoch keineswegs allein und isoliert in dieser Welt, auch kann sie nicht in voller Selbstgenügsamkeit für sich leben. Jede Gemeinde ist sich bewußt, daß sie in eine größere Einheit eingebracht ist. Die größere Einheit aller Gemeinden zeigt sich in dem einen Glauben, der einen Art des Gebetes und des Lobpreises Gottes und in der einen christlichen Lebensweise. Diese Einheit aller Gemeinden – vom Alten Testament her erscheinen sie wie die vielen Zelte und vielen Rauchopferaltäre, die alle das eine Haus Gottes, den einen Tempel des Vaters ausmachen (Origenes, hom. in Lucam 20) – verträgt sich mit Unterschieden und Eigenheiten, die sich aus der je eigenen Geschichte und der je eigenen Umgebung einer Ortsgemeinde ergeben. Die Vielfalt des Kirchlichen als alltägliche Erfahrung kann als unterschiedliche Teilhabe an dem einen Gottesgeist gedeutet werden; es muß nur der eine Geist erkennbar am Werk sein; sie kann auch als das eine Licht Christi gesehen werden, das auf vielen, unterschiedlichen Leuchtern leuchtet.

So wurde von Origenes über die Kirche und die Zusammengehörigkeit aller Kirchen gepredigt. Mit solcher Auskunft konnte die Einheit der Kirche in dieser Welt begriffen werden. Ein anderes Konzept der Kircheneinheit trug Cyprian von Karthago vor. Es geht von der bischöflichen Struktur der Kirche aus. Die Gleichheit aller Bischöfe mag zunächst gegen die Einheit der Kirche stehen. Jeder Bischof besitzt für seine Gemeinde alle apostolische Vollmacht. Ein Mehr davon gibt es für keinen Bischof: es gibt keinen Bischof der Bischöfe, sagten die Synodalen in Karthago im Jahre 256. Das jedoch bedeutet nicht, daß ein Bischof seine Gemeinde selbstherrlich leiten könnte. Vielmehr wird gerade der Bischof zum Zeichen der gesamtkirchlichen Einheit, wie er allein Garant für die Einheit seiner eigenen Gemeinde ist. Der Bischof von Karthago führt die vielen Gemeinden seiner Gegenwart und ihre vielen Bischöfe auf den Ursprung der Kirche in der Einheit zurück. Christus hat nämlich seine Kirche auf Einen gegründet, auf den Apostel Petrus, den er nach Mt 16, 18 als ersten berufen und als ersten mit aller Vollmacht ausgestattet hat. Mit dieser Erstberufung wurden die eine Kirche und die Einheit der apostolischen Kathedra festgelegt. Nach seiner Auferstehung aber hat der Herr den übrigen Aposteln die gleiche Vollmacht übertragen. Damit waren sie in die gleiche Stellung und Würde wie Petrus eingerückt. Dem Anfang in der Einheit folgte die Entfaltung in die Vielheit. Die Vielheit bleibt jedoch an die ursprüngliche Einheit gebunden. Die anfängliche Einheit der apostolischen Kathedra existiert jetzt in der Einheit aller Kathedren: „Denn das Bischofsamt ist eines, an dem jeder einzelne nur unter Wahrung des Ganzen seinen Anteil hat“ (De unitate eccl. 4–5). Es ist die schöne Formel von der „concordia episcoporum“. Dadurch wird gerade im Bischof die Einheit der Kirche sichtbar. Ein Bischof, der sich aus der Bindung an die anderen Bischöfe löst, kann gar nicht mehr als Bischof angesehen werden. Nur in der ernsten Solidargemeinschaft mit allen Bischöfen kann er seine apostolische Vollmacht wahrnehmen.

Der einfache Gläubige wird ein solch durchdachtes Konzept

nicht unbedingt durchschaut haben. Aber er erlebte sichtbare Vollzüge der „concordia episcoporum". Die Wahl eines neuen Bischofs in seiner eigenen Gemeinde führte benachbarte Bischöfe zusammen. Von einer fernen Bischofswahl hörte er; der Neugeweihte hatte seinem Bischof seine Amtsbestellung brieflich mitgeteilt und um Aufnahme in die bischöfliche Einheit gebeten (sogenannter „Gemeinschaftsbrief"). Und vielleicht wurde er Zeuge einer Synode; die Bischöfe eines Gebietes versammelten sich, berieten gemeinsam kirchliche Fragen und suchten nach einheitlicher Antwort für ihre Gemeinden.

Prüfung und Bewährung der Einheit

Die Einheit der Kirche ist geglaubte und erfahrbare Wirklichkeit; sie sichtbar zu machen und zu bewahren ist ständige Aufgabe der Kirche, die sich selbst als „sacramentum unitatis" versteht. Aber diese Einheit in Glauben, Lehren und Leben wird stets herausgefordert. Und nicht selten wird sie nur um den teuren Preis der Spaltung und Trennung erhalten. Die frühchristliche Großkirche sah ihre Einheit durch verschiedene Entwicklungen gefährdet.

Die einzelnen Gemeinden versuchten ihren Glauben in Bekenntnisformeln (symbola) auszudrücken. Über die neutestamentlichen „Kurzformeln" war man längst hinausgeschritten. Die Auseinandersetzungen des 2. Jahrhunderts hatten dazu gedrängt. Aber was unter jenen Bedrängnissen festgelegt worden war, bedurfte weiterer Klarstellung und Sicherung. Die Antwort der Theologen wurde nun schon äußerlich getrennt in zwei verschiedenen Sprachen gegeben. Der Westen kleidete seine Antwort in das lateinische Sprachgewand und folgte mit der Sprache auch mehr lateinischen Gedanken und Vorstellungen. Tertullian war es, der hier mit Meisterschaft die Wege wies. Im Osten blieb die griechische Sprache beherrschend. Aber hier entwickelten sich eigene Schulen, die zu eigener und nicht ganz konkurrenzloser theologischer Aussage fanden. Alexandrien war das eine Zentrum, das mit Clemens und vor allem Origenes ein großartiges Exordium aufweisen konnte. Antiochien folgte etwas später nach und fand nach einigen Vorstufen schließlich mit Lukian (gestorben 312) seinen prägenden Lehrer. Die genannten Theologen, zu denen Hippolyt von Rom und auch Novatian gefügt werden dürfen – etwa als Vertreter einer „römischen Schule“ (?) – führten die gelehrte Auseinandersetzung mit den Häresien des 2. Jahrhunderts weiter.

Auch die im vorausgegangenen Jahrhundert gewonnene Einheit im Glauben mußte gesichert werden. Dabei stand das Bekenntnis zu dem einen Gott und seinem Sohn im Vordergrund. Unbedingt war die Einheit und Einzigkeit Gottes festzuhalten, aber ebenso unerläßlich der Glaube an seinen Sohn, das fleischgewordene Wort. Die Parole lautete: Wir halten an der Einzigkeit Gottes fest (Tertullian, adv. Praxean 3: „monarchiam tenemus“). Das konnte recht und falsch verstanden werden. Als unannehmbare Deutung erwiesen sich zwei bekannte Spielarten dieses Monarchianismus. Einmal war es der sogenannte „modalistische Monarchianismus“. Danach sind Gott Vater und Gott Sohn und auch Gottes Geist nichts anderes als Erscheinungsformen (modi) des einen göttlichen Wesens. Die Heilsgeschichte, Gottes Selbstmitteilung in der Geschichte, schien diese Auffassung zu bestätigen: zuerst offenbarte sich Gott als Vater, dann als Sohn und schließlich als Geist. Diese Lehre wird einem sonst nicht bekannten Sabellius zugeschrieben und deshalb „Sabellianismus“ genannt. Weil nach ihr das erlösende Leiden im Grunde Tat des Vatergottes war, wurde sie auch als „Patripassianismus“ bezeichnet. Dieser modalistische Monarchianismus konnte zu keiner Unterscheidung in Gott finden. Das leistete die andere Spielart, der sogenannte dynamistische Monarchianismus. Er versteht den Sohn als eine von Gott geschaffene Kraft (Dynamis), sei es Gottes Weisheit oder auch Gottes Wort. Auch damit war die Einzigkeit Gottes klar herausgestellt, das Gott-Sein und Eigensein des Sohnes aber nicht erklärt. Die großkirchlichen Theologen versuchten der Herausforderung Herr zu werden. Mit neuer Begrifflichkeit deuteten sie das Verhältnis von Gott Vater und Gott Sohn, so daß die Einheit Gottes gewahrt blieb und auch die Eigenheit des Sohnes erkannt werden konnte.

Tertullian nahm die Begriffe der substantia und persona auf und fand zur Formel von den „Drei, die von einer Substanz sind“ (tres unius substantiae; Adv. Praxean 2), auch von den „drei Personen, von denen zur Unterscheidung, aber nicht zur Teilung in Gott gesprochen werden müsse“ (ebd. 12). Die griechischen Theologen, besonders Origenes, schauten den Neuplatonikern über die Schultern. Deren Hypostasenlehre schien brauchbare Begrifflichkeit für die christliche Gottesvorstellung zu bieten. Im Neuplatonismus entläßt das göttliche Wesen (Hen) in der Weise der Emanation Hypostasen aus sich. Diese Vorstellung ist untrennbar mit Stufung und Abstieg verbunden. Übertragen auf die Gotteslehre führt es zu dem einen Gott, zu seinem Sohn als erster Hypostase (aber auch „zweiter Gott“) und zum Geist als dritter Hypostase. Dabei ist Gottes Sohn zwar göttlicher Art und göttlichen Wesens, aber eine Unterordnung unter den Vater ist deutlich festgelegt. Übrigens ist auch die lateinische Theologie einer solchen Unterordnung (Subordinatianismus) nicht entkommen. Die Begrifflichkeit reichte im 3. Jahrhundert nicht weiter. Mit diesen Aussagen glaubte die Kirche der Offenbarung Gottes im Alten und Neuen Testament gerecht zu werden. Von dieser Position aus wies sie die anderen Deuteversuche ab.

Die Arbeit wurde von ihren Theologen geleistet. Bestellte Hüter und Bewahrer des Glaubens waren die Bischöfe. Damit waren Konflikte vorprogrammiert. In Rom warf Bischof Kallist (217–222) dem Lehrer und Theologen Hippolyt „Ditheismus“ vor, d. h., er mache aus Gott-Vater und Gott-Sohn zwei Götter. In Nordafrika blieb Tertullian in seiner theologischen Arbeit unangefochten, obwohl er sich durch seine rigorosen Forderungen an Kirche und christliches Leben schließlich mit der Gemeinde von Karthago entzweite. Origenes erfuhr die feindselige Ablehnung durch seinen Bischof Demetrius von Alexandrien; aber die Bischöfe Palästinas nahmen den hochangesehenen Lehrer auf und ließen ihn in ihrem Kirchenraum ungehindert wirken. Er blieb für sie der Fachtheologe, auf den sie hörten und den sie respektierten. Die Disputation mit Heraclides

– ein Bischof, dessen Glaube auf einer Bischofssynode (zwischen 244 und 249) überprüft wurde – ist ein schönes Zeugnis dafür. Origenes durfte die Prüfung des angeklagten Bischofs vornehmen: „Da nun einmal diese Befragung stattfindet und es notwendig ist, zum Gegenstand der Befragung zu sprechen, so will ich das Wort ergreifen . . .“ (Dialog 1).

Die Sorge um die rechte Rede von Gott stellte die Einheit der Kirche auf die Probe. In ihren Entscheidungen bedeutete sie wieder Trennung und Aussonderung, aber auch Stärkung der Einheit. Sie förderte den übergemeindlichen Austausch, besonders sichtbar im Synodalgeschehen, und führte die Bischöfe fester zusammen. Die Korrespondenz zwischen den Bischöfen Dionysius von Rom und Dionysius von Alexandrien (etwa 258 bis 260) – ihr Eingreifen in die Fragen der Gotteslehre ist als „Streit der beiden Dionyse“ in die Dogmengeschichte eingegangen – ist ein beachtliches Zeugnis für die concordia episcoporum, die mit ernster theologischer Auseinandersetzung belastet werden konnte. Sie befähigte die „Hüter des Glaubens“ auch zu entscheidenden Verfahren gegen Amtsbrüder, die sich von der Glaubenseinheit trennten. Der spektakuläre Fall des Paul von Samosata, immerhin Bischof von Antiochien, ist ein anschauliches Beispiel. Wegen häretischer Lehre und ärgerniserregender Lebensführung wurde er angeklagt und von einer Bischofssynode im Jahre 268 schließlich abgesetzt (Eusebius, Kirchengeschichte VII 28–30).

Der Osterfeststreit

Die Einheit der Kirche wurde von praktischen Fragen des Christen- und Gemeindelebens, die immer im Zusammenhang mit dem Glaubensbekenntnis gesehen wurden, nicht weniger ernst auf die Probe gestellt. Noch im ausgehenden 2. Jahrhundert war es der Osterfeststreit, der die kirchliche Einheit gefährdete. Zunächst eine Kalenderfrage, die vielleicht auch feine Unterschiede in der theologischen Deutung des Osterfestes einschloß, ging es um das Datum des Ostertages. Allen Kirchen gemeinsam war das wöchentliche Gedenken der Auferstehung des Herrn am Sonntag, dem Tag des Herrn. Erst die Einführung eines Jahresgedenkens brachte Unterschiede in die Gemeinden. In Kleinasien feierte man Ostern zur Zeit des jüdischen Passah, also am 14. Nisan. Rom schloß sich dagegen Alexandrien an, das für das Jahresgedächtnis den Sonntag gewählt hatte, der auf das jüdische Passah folgte. So ergaben sich zwei Praktiken: die dominikale und die quartadezimanische. Die verschiedene Feier schloß auch eine unterschiedliche Vorbereitungszeit ein. Solange die beiden Berechnungen in umgrenzten und abgeschlossenen Kirchengebieten galten, blieb die Verschiedenheit erträglich. Bischof Polykarp von Smyrna, ein Quartadezimaner, wurde von Bischof Anicet (154/5–166) von Rom freundlich aufgenommen; trotz der Differenz wurde dem Kleinasiaten in Rom die eucharistische Gemeinschaft gewährt. „Im Frieden schieden die beiden Bischöfe voneinander“ (Eusebius, Kirchengeschichte V 24, 17). Als unter Bischof Viktor (189–198) kleinasiatische Christen ihre heimatliche Praxis auch in Rom einführen wollten, kam es zu ernstem Streit. Die Einheit der Gemeinde war gefährdet. Die Frage wurde auf Synoden verhandelt. Kleinasien, unter Führung des Bischofs Polykrates von Ephesus, verteidigte seine Praxis: Sie entspricht dem Evangelium und ihrer alten Tradition, deren Zeugen die Gräber der Heiligen in ihrer Heimat sind (ebd. V 24, 2–17). Viktor, vom Streit in der eigenen Gemeinde bedrängt, wollte den Unterschied nicht dulden und wies die kleinasiatische Argumentation zurück. Freilich konnte auch er sich nur auf herkömmliche Praxis und Tradition berufen. Um die römische Praxis überall durchzusetzen, wagte er die Trennung von den Gemeinden Kleinasiens. Seine Härte wurde von anderen Bischöfen, auch von solchen, die der dominikalen Praxis folgten, gerügt. Der Streit führte nicht zur endgültigen Trennung, aber auch nicht zur einheitlichen Osterfeier. Die kleinasiatischen Quartadezimaner führten ihre Praxis weiter, bis sie im 4. Jahrhundert durch gesamtkirchliche Entscheidungen dem einheitlichen Festkalender folgten.

Die Bußfrage

Die frühchristliche Großkirche hatte keine einheitliche Bußpraxis aus älterer Zeit übernommen. Daß die Taufe Ort der unbegrenzten, gnädigen Vergebung Gottes war, darüber waren sich alle einig. Ebenso darin, daß der Christ in der Gemeinschaft mit Gott bleiben sollte. Man war auch realistisch genug, menschliche Schwachheit, menschliches Versagen und Sünde als fortdauernde Möglichkeit und Wirklichkeit anzunehmen. Durch Gebet und gute Werke konnte solche Sünde getilgt werden. Zum Gottesdienst gehörte das öffentliche Sündenbekenntnis aller Versammelten. Doch aus urchristlicher Praxis war auch bekannt, daß der Getaufte sich von der Gemeinschaft mit Gott trennen konnte. Auf solche selbstvollzogene Abkehr von Gott antwortete die Gemeinde mit dem Ausschluß. Konnte auch solches Versagen Vergebung finden? Konnte der Ausgeschlossene wieder in die volle Gemeinschaft der Kirche aufgenommen werden? Die Gemeinden fanden nicht leicht zu einer Antwort. „Ich habe von einigen Lehrern gehört, daß es keine andere Buße gibt als die, da wir ins Wasser stiegen und Vergebung unserer früheren Sünden erhielten" (Hermas, Gebote IV 3). Das Sätzchen aus einer römischen Schrift – dem ›Hirten des Hermas‹, um 150 – läßt auf innergemeindliche Diskussion schließen. Die rigorose Auffassung schloß eine erneute Vergebung schwerer Sünde nach der Taufe aus. Die mildere entdeckte die Möglichkeit einer „zweiten Buße" nach der Taufe. Eine Vergebung schwerer Sünde wurde den Christen auch nach der Taufe zugestanden. Sie geschah im kirchlich geordneten Bußverfahren, kannte inhaltlich keine Begrenzung, wohl aber zeitlich: nur einmal konnte der gefallene Christ auf diese Vergebung hoffen. Diese Praxis, getragen von der Überzeugung der Vergebungsvollmacht in der Hand der Kirche (Mt 16, 18–19), setzte sich im Laufe des späteren 2. Jahrhunderts allenthalben durch. Freilich erhob sich dagegen auch Widerstand. Die Montanisten lehnten jede postbaptismale Buße ab. Tertullian, der als Katholik durchaus jene „zweite Planke des Heiles" anerkannt hatte, eiferte als Montanist gehässig gegen die großkirchliche Praxis. Für den sündigen Christen blieb da nur die tränenreiche Bitte zu Gott „vor den Türen der Kirche“ und die Hoffnung auf Gottes Barmherzigkeit, aber keine kirchliche Vermittlung und Lossprechung (De pudicitia 3, 4–6).

Die Verfolgung unter Kaiser Decius (249–251) brachte den Gemeinden eine bittere Erfahrung: viele Christen zeigten sich der Herausforderung nicht gewachsen. Sie fielen von ihrem Glauben ab. Die Bußfrage konzentrierte sich jetzt auf die Vergebungsmöglichkeit für den Glaubensabfall. Denn die Abgefallenen (die „lapsi“) baten nach der Verfolgung wieder um Aufnahme in die Gemeinden. Sie bereuten ihren Verrat des Glaubens. Konnte auch in diesem Fall der Friede mit der Kirche wieder gewährt werden? Es gab die laxistische Bejahung und die rigoristische Verneinung. Die Bischöfe suchten nach pastoral verantwortbaren Lösungen. Durch die Weihe war ihnen die Vergebungsvollmacht zugesprochen. Auch den Glaubensabfall sahen sie im Bereich dieser Vollmacht. In Karthago war es Cyprian (vgl. seine Schrift ›De lapsis‹), in Rom Bischof Cornelius (251–253), die sich um einheitliche Praxis bemühten. Durch synodale Entscheidung wurde eine gesamtkirchliche Lösung angestrebt. Sie rang sich zur Wiederaufnahme der Gefallenen durch; freilich sollte jeder einzelne Fall sorgfältig geprüft und die Vergebung nur durch das kontrollierte kirchliche Bußverfahren zugesprochen werden. Durch diese pastorale Lösung konnte der ernste Schaden, den die decische Verfolgung der Kirche zugefügt hatte, wiedergutgemacht werden. Die Kirche bestand dadurch ihre Bewährungsprobe. Die bischöfliche Vollmacht erstarkte, und die Bußlehre und Bußpraxis wurden in Ost und West weiterentwickelt. Allerdings regte sich auch dagegen entschiedener Widerspruch. Die rigoristische Ablehnung einer Buße und Vergebungsmöglichkeit führte zu Trennungen und Spaltungen in verschiedenen Gemeinden. In Rom sammelte der gelehrte Priester Novatian eine solche Gemeinde um sich, die sich bald in Ost und West festsetzte. In ihrer Strenge konnte sie keinen Anschluß an die großkirchliche Bußpraxis finden. Mit ihrem Verständnis von „heiliger Kirche“ war diese nicht vereinbar.

In der Tat war die Bußfrage nicht nur eine Sache der Pastoral. Sie betraf unmittelbar das Wesen der Kirche, die als „heilige" geglaubt wurde. Das bedeutete zwar nie „Kirche der Heiligen"; aber die Kirche wurde damit doch als der Raum angenommen, in dem persönliche Heiligkeit gedeihen mußte. In den größer gewordenen Gemeinden und mit der neuen Bußpraxis wurde es schwieriger, das unmittelbar erfahren zu lassen. Die vorgegebene objektive Heiligkeit der Kirche wurde deshalb mehr betont. Dem kam die ekklesiologische Deutung der Heiligen Schrift entgegen. Das Hohelied, dessen altkirchliche Auslegung jetzt begann, bot Symbolfiguren für die Heiligkeit der Kirche an: Jungfrau, Braut, verschlossener Garten. Die neutestamentlichen Reich-Gottes-Parabeln konnten die reale Gemeindeerfahrung erklären. Da gab es das Unkraut unter dem Weizen auf dem einen Acker (Mt 13, 24–30); gute und schlechte Fische in dem einen Netz (Mt 13, 47–50), und schon Noah hatte reine und unreine Tiere in die Arche gebracht (Gen 7, 8–9). Die Kirchenväter – vor allem Cyprian und Origenes – brachten damit ein kirchliches Selbstverständnis zum Ausdruck, das der Einzelgemeinde gerecht wurde, und nahmen die augustinische Kirchenbestimmung des „corpus permixtum" vorweg. Sollten doch greifbare Beweise der Heiligkeit vorgezeigt werden, dann konnte auf die wahre Lehre verwiesen werden, denn in der Wahrheit zeigt sich auch die Heiligkeit. Der Klerus, durch seine Weihe geheiligt, konnte als stellvertretender Träger personaler Heiligkeit genannt werden. Dem Anspruch, auch in der großkirchlichen Gemeinde mit vorzeigbarer Heiligkeit aufzuwarten, kam schließlich die Förderung des asketischen Lebens entgegen. Die christlichen Asketen, besonders die „gottgeweihten Jungfrauen", aber auch die „Vollkommenen" des Origenes, retteten für einen Teil der Gemeinde das Ideal einer „Kirche der Heiligen". Diese Gruppen, besonders die asketisch Lebenden, wurden unter dieser Rücksicht zu einer „ekklesiologischen Notwendigkeit" für die frühchristliche Großkirche.

Der Ketzertaufstreit

Die Heiligkeit der Kirche war auch in einem anderen Kirchenstreit des 3. Jahrhunderts angefragt. Gemeint ist der Streit um die Taufe (und Ordination) in nichtkatholischen Kirchen. Kann außerhalb der Kirche ein heilsstiftendes Sakrament gespendet werden? Eine einheitliche Antwort darauf hatte die Kirche bisher nicht gefunden. Auch hier drängte erst die Erfahrung vermehrter konkurrierender und rivalisierender Kirchengemeinden zur Klarstellung. In Kleinasien war es der Umgang mit den Montanisten, im Nordafrika Cyprians zunächst die von ihm getrennten Gemeinden und schließlich die von Rom ausgegangene Kirche Novatians. Kleinasien und Nordafrika lehnten jede Taufe außerhalb der Kirche ab; „Außerhalb der Kirche gibt es kein Heil“ war der Leitsatz Cyprians (Ep. 73, 21). Nach Eph 4, 5 gibt es nur „einen Herrn, einen Glauben, eine Taufe“. Darauf war der nordafrikanische Standpunkt seit Tertullian begründet (De baptismo 15). Vielleicht wurden dort Taufe und Glaubensbekenntnis in unlösbarer Verbindung gesehen. Cyprian setzte sich nach und nach in Nordafrika durch; Schützenhilfe erhielt er von Bischof Firmilian von Caesarea (Ep. 75). Entschiedener Widerstand kam von Bischof Stephan von Rom (254 bis 257). Der römische Bischof vertrat den weiteren Standpunkt und lehnte die Wiedertaufe beim Übertritt zur katholischen Kirche ab. Vielleicht sah er in der Taufe zuerst Reinigung und Sündenvergebung. In Cyprian und Stephan wurde der Streit schließlich personalisiert. Eine Einigung konnte nicht gefunden werden. Die concordia episcoporum hielt diesmal die Belastung nicht aus; die kirchliche Einheit zwischen Rom und Karthago zerbrach. Nur die Verfolgung unter Kaiser Valerian (253–260), der Cyprian im Jahre 258 zum Opfer fiel, verhinderte gefährliche Auswirkungen. Die dogmatisch-pastorale Antwort blieb freilich noch lange uneinheitlich und halbherzig.

Chronologische Zusammenfassung:

ab 160 (?)	Martyrergedenktage in der Gemeinde
189–198	Bischof Viktor von Rom; Osterfeststreit
ca. 200	Monarchianischer Streit
ab 200	Gemeindeeigene Friedhöfe
203	Origenes, Lehrer in Alexandrien
ca. 215	Hippolyt von Rom, Traditio apostolica (Kirchenordnung)
217–222	Bischof Kallist von Rom
ca. 220–230	Syrische Didaskalie (Kirchenordnung)
231	Origenes, Lehrer in Caesarea
ca. 232	Christliche Hauskirche von Dura-Europos
248/9–258	Cyprian von Karthago, De lapsis (Bußfrage) –, De unitate eccl. cath.
254–257	Bischof Stephan von Rom; Ketzertaufstreit
ca. 260	Streit der beiden Dionyse

IV. DAS RÖMISCHE REICH UND DIE CHRISTLICHE KIRCHE

Den Kaiser zu achten ist unsere Pflicht, denn unser Herr hat ihn auserwählt, und ich könnte deshalb mit Recht sagen: Der Kaiser gehört uns, denn er ist von unserem Gott eingesetzt.
(Tertullian, apol. 33, 1)

1. Die Kirche unter der Macht des Römischen Reiches

Was bisher über Ausbreitung, Gestaltwerdung und Entfaltung eines eigenen Lebens der christlichen Kirche nachgezeichnet wurde, spielte sich auf dem Boden des Römischen Reiches ab, wuchs unter den Augen der römischen Behörden heran und stand in ständigem Austausch mit den vielfältigen geistigen, kulturellen und religiösen Äußerungen dieses Reiches. Die zeitliche Koinzidenz der Geburt Jesu von Nazareth mit der Regierungszeit des Kaisers Augustus (31 v.–14 n.) – vom Lukasevangelium schon nicht ohne Absicht vermerkt – wurde in der Alten Kirche immer wieder nachhaltig unterstrichen. „Unsere Lehre ... reifte unter der ruhmreichen Regierung deines Vorgängers Augustus unter deinen Völkern zur Blüte und brachte vor allem deiner Regierung Glück und Segen. Von da ab erhob sich nämlich die römische Macht zu Größe und Glanz. ... Daß unsere Lehre zugleich mit dem Reiche, das glücklich begonnen hatte, zu dessen Wohl erblühte, ergibt sich am deutlichsten daraus, daß ihm von allen Zeiten des Augustus an nichts Schlimmes widerfahren ist, daß es im Gegenteil – wie es aller Wunsch ist – lauter Ruhm und Glanz geerntet hat“ (Eusebius, Kirchengeschichte IV, 26, 7–8). So sah der kleinasiatische Bischof Melito von Sardes das Verhältnis von Römischem Reich und christlicher Kirche unter Kaiser Marc Aurel (161–180). Mitten im 3. Jahrhundert bewunderte Origenes den Beginn der Kirche im Augusteischen Reich und entdeckte dessen heilsgeschichtliche Rolle: „In jenen Tagen ging Gerechtigkeit auf und eine Fülle des Friedens. Gott bereitete die Völker auf seine Lehre vor und hieß sie unter die Herrschaft des Römischen Reiches kommen. Es sollte da nicht viele Königreiche geben, sonst wären die Völker einander fremd geblieben. Der Auftrag Jesu: 'Gehet hin und lehret alle Völker' (Mt 28, 19), den er den Aposteln gab, wäre viel schwieriger zu erfüllen gewesen. Es ist klar, daß die Geburt Jesu unter der Regierung des Augustus erfolgte. Er hat ja die große Mehrzahl der auf Erden lebenden Menschen durch ein einziges Kaiserreich sozusagen zur Einheit zusammengeführt. Wären viele Reiche vorhanden gewesen, so wäre das für die Verbreitung der Lehre Jesu hinderlich gewesen ... Alle Völker hätten dann unter dem Zwang gestanden, miteinander Krieg zu führen und ihr Vaterland zu verteidigen. Das war ja vor den Tagen des Augustus der Fall. ... Wie hätte da diese friedliche Lehre, die nicht einmal gestattet, an seinen Feinden Vergeltung zu üben, durchdringen können, wenn nicht bei der Ankunft Jesu die weltlichen Verhältnisse überall eine ruhigere Gestaltung erfahren hätten" (contra Celsum II 30).

Die beiden Zeugnisse stehen keineswegs vereinzelt in der altchristlichen Literatur; sie entsprechen dem Tenor der frühchristlichen Apologeten. Diese versprachen das Gebet der Christen für den Kaiser und das Reich; sie unterstrichen die vorbildliche Lebensführung der Christen, und in stolzem Selbstbewußtsein sprachen sie von ihrer weltgeschichtlichen Sendung: „Auch hege ich keinen Zweifel, daß nur durch das Gebet der Christen die Welt fortbesteht" (Aristides 16, 6); „Was die Seele im Leibe ist, das sind wir Christen in der Welt" (An Diognet 6). Der Nordafrikaner Tertullian wagte um 200 in seinem Apologeticum sogar den Entwurf eines christlichen Römerreiches.

So gesehen bestand kein Grund zu einer feindseligen Haltung dem Römischen Reich gegenüber. Außerdem teilten die Christen mit der ganzen antiken Welt die Überzeugung, daß in irdischer

Ordnung und Herrschaft göttliche Macht am Werk ist. „Jedermann ordne sich der obrigkeitlichen Gewalt unter; denn es gibt keine Gewalt, die nicht von Gott ist“ (Röm 13, 1). Das war keine taktische Anweisung des Apostels Paulus, sondern christlicher Anschluß an ein sakrales Verständnis vom Staat. Das war den Christen vertraut und legte ihnen die Loyalität dem römischen Staat gegenüber nahe. Ernstlich muß man dabei jedoch von kritischer Loyalität sprechen, denn für die Christen ist es der ihnen geoffenbarte Gott, von dem sie Heil und Sicherheit erwarten, und nicht die Götter der Griechen und Römer. Sie können dem Staat und seinem irdischen Herrscher keine kultische Verehrung zugestehen und verweisen jede Macht dieser Welt auf den zweiten Platz. Diese distanzierte Haltung kann sich auch in Unbeteiligtsein äußern: Denn die Gestalt dieser Welt vergeht! Doch auch dort, wo die staatliche Macht als dämonische Macht erkannt wurde, wo Rom „Babylon“ (1 Petr 5, 13), „die große Hure“ war (Apk 17, 1), riefen die Christen nicht zur Revolution auf, sondern beugten sich unter die feindliche Gewalt und sahen „das Gericht im Hause Gottes beginnen“ (1 Petr 4, 17). Die gnostischen Zirkel mit ihrer völligen Entleerung irdischer Macht und Größe hätten in ihrem weltüberlegenen Pathos dem römischen Staat radikalen Kampf ansagen können; aber in ihrer Weltverneinung lag ihnen gar nichts an weltlicher Ordnung und Macht.

Auch von seiten des Römischen Reiches mußte nicht von vorneherein an einen Konflikt mit der christlichen Religionsgemeinschaft gedacht werden. Cicero pries die Römer stolz als jene, die alle übrigen Völker „an Religiosität und durch die einzige Weisheit, daß sie zur Einsicht gelangt sind, alles sei der Regierung und Lenkung der Götter unterstellt“ überragten (De harusp. resp. 19). Tatsächlich darf das Römerreich als ein „religiöses Reich“ angesehen werden. Die Erneuerung des Reiches unter Augustus hatte auch eine Neuordnung des staatlichen Kultes eingeschlossen. Als „Pontifex Maximus“ sorgte der Kaiser selbst dafür, daß im Staatskult den Göttern das ihnen Geschuldete zukam. Denn die pax deorum galt als Garantie der pax hominum und der salus publica. Grundsätzlich darf man dem Römischen Reich auch religiöse Großzügigkeit und Toleranz zugestehen. Die vielfältigen religiösen Äußerungen blieben unbehelligt, soweit sie neben dem offiziellen Staatskult bestehen konnten. Das jüdische Volk blieb in seiner eigenen Religiosität respektiert; der Staat gewährte ihm das Privileg der „religio licita“. Von diesem Recht profitierten auch die ältesten Christengemeinden.

a) Die Verfolgung der Christen

Früheste Nachrichten

Trotzdem kam es zur Verfolgung der Christen und schließlich der Kirche durch den römischen Staat. Die Verfolgungsgeschichte läßt sich in zwei Phasen einteilen. Die erste reicht bis in die Mitte des 3. Jahrhunderts. In ihr gab es nur die sporadische, örtlich begrenzte Verfolgung, der einzelne Christen zum Opfer fielen. Die christenfeindlichen Aktionen der römischen Staatsgewalt begannen unter Kaiser Nero (64–68). Sie standen im Zusammenhang mit dem Brand Roms im Sommer 64. Der Kaiser selbst wurde als Brandstifter verdächtigt. Um den Verdacht abzulenken, habe er die Christen als Brandstifter vorgeschoben und dann eine „ungeheure Menge“ hinrichten lassen. Der römische Historiker Tacitus hat diesen Vorfall festgehalten (Annalen XV 44, geschrieben um 110). Sein Bericht ist nicht einwandfrei zu deuten. Tacitus empfindet keinerlei Sympathie für Nero, aber auch ganz und gar keine für die Christen; ihre Religion ist unheilvoller Aberglaube. Sie verdienen durchaus härteste Strafen. Das war die Meinung des Tacitus, mit der er sicher nicht allein stand. Der Kaiser hatte ja auf eine den Christen feindselige Volksmeinung setzen können. Auch Sueton sah in den Christen „Menschen, die sich einem neuen und gefährlichen Aberglauben ergeben haben“ (Nero 16). Weshalb wurden römische Christen im Sommer 64 hingerichtet? Tacitus gibt zwei Begründungen für die Todesstrafe: „Verbrechen der Brandstiftung“ und in stärkerem Maße „Haß auf das Menschengeschlecht“ (odium humani generis). Brandstiftung ist strafrechtlicher Tatbestand, die Misanthropie jedoch nicht. Aber für den Staatsmann Tacitus ist sie gemeinschaftsfeindliche Haltung, die nicht zum Römersein paßt. Deshalb stimmt er der Hinrichtung grundsätzlich zu. In der entarteten, sittenverderbenden Fremdreligion sieht er eine Gefahr für den römischen Staat. Seine einzige Kritik betrifft deshalb auch nur die Grausamkeit des Kaisers; wäre die Hinrichtung der Christen nicht auf dieses Konto zu setzen, sondern im Interesse des Gemeinwohles geschehen, so hätte sie seine volle Zustimmung gefunden.

Der römische Berichterstatter sieht in den Christen eine eigene religiöse Gruppierung, eine Gemeinschaft höchst verdächtigen Charakters, die die salus publica gefährden kann. Die Christengemeinde mag selbst zu solcher Beurteilung Anlaß gegeben haben. Sie zog sich scheu von der Öffentlichkeit zurück und geriet damit in den Verdacht eines Geheimkultes, einer religiösen Sekte mit kriminellem Charakter. Die Absonderung der Christen vom öffentlichen Leben und ihre bewußt gepflegte Zurückgezogenheit nährte den Verdacht eines anstößigen, widerlichen Verhaltens; Tacitus schrieb von „Schandtaten, Greueln und Scheußlichkeiten“. Aus dem Verdacht konnte der Vorwurf schwerster Verstöße gegen eine zivilisierte und humane Lebensordnung erwachsen, die ein staatliches Vorgehen rechtfertigte. Eine solche Beurteilung der Christen war dazu angetan, sie in die Rolle des „Sündenbocks“ zu drängen.

Das Vorgehen Neros war eine einmalige und lokal begrenzte Aktion gegen die Christen. Aber in ihrem Umfeld wurden die Christen zu einer inkriminierten Gemeinschaft; die Zugehörigkeit zu ihr konnte als Tatbestand angesehen werden, der die öffentliche Ordnung gefährdet. Spätere christliche Selbstverteidigung ließ es sich nicht entgehen, den ungeliebten römischen Kaiser zum Urheber und Anstifter der Christenverfolgungen zu machen: „Die einzigen Kaiser, welche, von böswilligen Menschen verführt, unsere Religion in üblen Ruf zu bringen suchten, waren Nero und Domitian“, so trug es schon Melito von Sardes vor (Eusebius, Kirchengeschichte IV, 26, 9), und Tertullian ist sogar auf Nero „als Stifter unserer Verfolgung“ stolz (Apol. 5, 3).

Hinweise auf Verfolgungen von Christen haben wir auch aus der Zeit Kaiser Domitians (81–96). Der römische Clemensbrief spricht von „plötzlich und Schlag auf Schlag über uns gekommenen Heimsuchungen und Drangsalen“ (1 Clem 1, 1); die Johannesapokalypse beklagt christliche Martyrer (12, 11 u. a.). Zu diesen eigenen Nachrichten fügen sich Notizen römischer Historiker: Sueton schreibt in seiner Domitian-Vita allgemein von dessen großer, heimtückischer und unberechenbarer Grausamkeit (11); er berichtet die Hinrichtung des Kaiser-Vetters Flavius Clemens (15), von dem Cassius Dio wissen will, daß er Christ gewesen sei (67, 14). Wenn Sueton von diesem Clemens sagt, er sei wegen seiner Interesselosigkeit (inertia) staatlichen Belangen gegenüber bekannt gewesen, könnte christliche Absonderung und Verweigerung dahinterstehen. Cassius Dio begründet die Hinrichtung mit der Anklage auf Gottlosigkeit. Danach wurden die Christen des „crimen laesae maiestatis“ angeklagt, wohl weil sie gegen den maßlosen Anspruch des Kaisers, „Dominus ac Deus“ zu sein, protestierten. Doch die Zeugnisse über diese Verfolgungen sind zu unsicher, um ein klares Bild über Vorgang und Begründung zu gewinnen.

Der Briefwechsel Plinius–Trajan

Das nächste, auskunftsreichere Zeugnis läßt den Christenprozeß wieder in anderem Licht erscheinen. Es ist ein Briefwechsel zwischen Plinius dem Jüngeren und Kaiser Trajan (98 bis 117). Der bekannte römische Schriftsteller war eben in Bithynien Statthalter geworden und sah sich unvorbereitet mit dem Christenprozeß konfrontiert. Im Jahre 111/112 wandte er sich an den Kaiser (Ep. X 96). Er schilderte ihm das bisherige Vorgehen gegen die Christen und wollte dann den genauen Grund einer Anklage gegen die Christen vom Kaiser erfahren: Genügt das Christsein (nomen christianum), oder müssen jene Verbrechen erwiesen sein, die in den Augen der Römer mit dem Christsein verbunden sind (flagitia cohaerentia nomini). Die

Antwort des Kaisers brachte einige Klarheit in das Prozeßgeschehen (Ep. X, 97): Ausreichend für eine Verurteilung ist allein das Christsein. Die Leugnung des Christseins – erwiesen im Opfertest (so hatte es Plinius selbst beschrieben) – macht straffrei. Auch für Trajan sind die Christen Mitglieder einer kriminellen Vereinigung. Trotzdem warnt er den Statthalter vor der polizeilichen Fahndung nach den Christen: Man soll nicht nach ihnen suchen (conquirendi non sunt). Der Richter hat nur auf Anzeige hin tätig zu werden; anonyme Anzeigen dürfen nicht berücksichtigt werden: „Das entspricht nicht unserer Zeit", fügte der Kaiser selbstbewußt dazu.

Der Christenbrief des Plinius und das Reskript des Kaisers Trajan passen zur Auskunft des Tacitus über das Vorgehen der römischen Behörden gegen die Christen. Das Christentum ist für sie eine entartete, sittenverderbende Fremdreligion, der verbrecherische Handlungen unterstellt werden. Auch wenn es kein eigenes Gesetz gegen die Christen gibt (Trajan: keine „certa forma"), so genügt die Unterstellung der Kriminalität für eine Verfolgung. Aber eine staatlich diktierte Christenjagd wird nicht durchgeführt. Die Einzelanklage ist notwendig. Nur daran entscheidet sich das Los des Christen. Das lapidare „conquirendi non sunt" bestimmte für lange Zeit die Lage der Christen im römischen Staat. Es bedeutete Sicherheit und Unsicherheit in einem. Sicherheit vor einer unberechenbaren, plötzlichen Verfolgung; ständige Unsicherheit vor einer Anklage. Die Christen als aktive, selbstbewußte, kleine Minderheit mit ihrer klaren Distanz zum römischen "way of life" konnten leicht den Haß der Bevölkerung auf sich ziehen. Der Gründe gab es genug. Die Erregung der Silberschmiede von Ephesus und die Sorge um Absatz ihrer Devotionalien (Apg 19, 24) war kaum ein Einzelfall. Rückgang im Verkauf von Opferfleisch (Plinius, ep. X 96, 10) konnte zu ähnlicher Aufgeregtheit führen und Christen vor den Richter bringen. Neid auf die berufliche Karriere eines christlichen Kollegen konnte diesem zum Verhängnis werden (vgl. das Martyrium des Offiziers Marinus: Eusebius, Kirchengeschichte VII 15). Auch Streit und Zerwürfnis in einer Ehe konnten eine Anzeige veranlassen (vgl. Justin, apol. II 2). Die Brandmarkung der Christen als eine kriminelle Vereinigung veranlaßte nicht umsonst die christlichen Apologeten zur ausführlichen Widerrede. Aber wer ließ sich schon von diesen christlichen Schriftstellern außerhalb der Kirche beeindrucken? In der Öffentlichkeit blieb das Unbehagen über eine abergläubische Religionsgemeinschaft. Das Unbehagen verdichtete sich zur feindseligen Stimmung: Christsein paßt nicht zum Römersein, und forderte immer wieder Christen als Opfer der Volkserregung. „Wenn der Tiber die Mauern überflutet, wenn der Nil die Felder nicht überflutet, wenn der Himmel sich nicht rührt, wenn die Erde sich bewegt, wenn eine Hungersnot, wenn eine Seuche wütet, gleich schreit man: Die Christen vor den Löwen! – So viele vor einen einzigen?“ (Tertullian, apol. 40, 2). Freilich war nicht jeder Vertreter der Staatsgewalt bereit, auf solche hysterische Volksstimmung zu reagieren, und nicht wenige Richter schöpften die Möglichkeiten ihrer Rechtsprechung zugunsten der Christen aus (vgl. Tertullian, ad scap. 4, 3–4; 5, 1). Noch mitten im 3. Jahrhundert schrieb Origenes, daß es nur wenige Christen waren, die das Martyrium erleiden mußten. Und die Verehrung, die die Martyrer in ihren Gemeinden fanden, unterstreicht nochmals, daß das Martyrium für den Christen die Ausnahme und nicht die Regel war. Die bekanntesten Martyrien aus jener Zeit – in zeitgenössischen Berichten festgehalten – sind: Bischof Polykarp von Smyrna (um 160); Justin, der Philosoph und Martyrer in Rom (um 165); die Christen von Lyon-Vienne (um 177/178; die Christen von Scili/Nordafrika (180); Perpetua und Felicitas mit anderen Christen aus Karthago (um 202).

b) Die Verfolgung der Kirche

Mit Kaiser Decius (249–251) setzt eine zweite Phase in der Geschichte der Christenverfolgung ein. Das Opfer ist nicht mehr der einzelne Christ. Die christliche Kirche wird als gefährlicher „Staat im Staat“ erkannt; die Verfolgung gilt ihr! „Von da an liefen die Verfolgungen nicht mehr vereinzelt wie zuvor, sondern allgemein und überall“ (Origenes, Mt. comm. ser. 39). Wie war es zu dieser Veränderung gekommen? Einmal gab die Kirche selbst Anlaß zu besorgterer Wachsamkeit. Die christlichen Gemeinden in den Städten waren zahlreicher und unübersehbar geworden. Wenn von Kaiser Decius gesagt wurde, er habe sich vor einem neuen Bischof von Rom mehr gefürchtet als vor einem Usurpator im Reich, dann ist damit die gefestigte Stellung der Kirche aufgedeckt (Cyprian, ep. 55, 9 aus dem Jahr 251). Zum anderen sah sich das Römische Reich in bedrängender Krise. Die politische Instabilität – von 235–284 wechselten sich mehr als dreißig Kaiser in der Herrschaft ab – verschärfte das Empfinden für jede Gefährdung der inneren Sicherheit und der Reichseinheit. Bemüht um Selbstbehauptung und ausreichende Macht, suchten die Kaiser nach Bundesgenossen. Das Hin und Her zwischen großzügiger Duldung und Verfolgung der Christen im Laufe des Jahrhunderts kann damit erklärt werden. Freundliche Toleranz bestimmte das Klima zwischen Kaiserhaus und Christen unter den sog. syrischen Kaisern (211–235) und unter Philipp Arabs (244–249), während unter Maximinius Thrax (235–238) ernste Verfolgungen einzelne Gemeinden bedrohten. Unter Philipps Nachfolger Decius kam es zur umfassenden Christenverfolgung. Wenn Eusebius behauptet, dieser Kaiser habe aus Haß gegen Philippus die Verfolgung begonnen (Eusebius, Kirchengeschichte VI 39, 1), dann vereinfacht er die Motivation des Kaisers. Festhalten läßt sich jedoch, daß Absetzung von Vorgängern und Profilierung einer eigenen Politik nun untrennbar mit der Haltung zur christlichen Kirche verbunden wurden.

Die Verfolgung unter Kaiser Decius

Kaiser Decius kam aus Pannonien und hatte in den pannonischen Truppen, die dem Christentum fernstanden, seine „Hausmacht“. Die Herkunft aus der Provinz wurde ausgeglichen durch ein gesteigertes Empfinden für das „Alte Rom“. Eine umfassende Restaurationspolitik nahm ihr Maß an der vergangenen Größe Roms. Sie führte zu einer Intensivierung der politischen Religiosität, in der die Christen einen Störfaktor darstellten, was den Kaiser schon im Spätjahr 249 zu einer gezielten Aktion gegen Bischöfe veranlaßt hatte. Dann sollte in einem öffentlich vollzogenen Opfer die Gunst der Götter für das gefährdete Reich erfleht werden. Durch kaiserliches Edikt wurde die ganze Reichsbevölkerung zur „supplicatio" aufgerufen. Das Edikt besagt keineswegs ein allgemeines Christenverbot. Es war die Aufforderung zu einer öffentlichen Loyalitätserklärung für den Kaiser und das Reich; man kann es auch als „Vertrauensfrage" des Kaisers verstehen, die durch den Opfervollzug beantwortet werden sollte. Staatliche Kommissionen hatten die Opfer zu überwachen und ihren Vollzug zu bestätigen. Der Opferaufruf, der alle Reichsuntertanen betraf, mußte notwendigerweise zu einer Sondierung der Christen und Nichtchristen werden und wurde deshalb mit Recht von der Kirche als gefährlichster Angriff auf ihren Bestand angesehen. Die Loyalitätserklärung in der Form des Opfers für die Götter mußte von den Christen abgelehnt werden. Damit wurden die Christen aber offenkundig zu Staatsfeinden. Die Rechnung des Kaisers ging freilich nur zum Teil auf. Wenn auch die Christen zahlreiche Abgefallene (lapsi) beklagen mußten, so bewirkte das Unternehmen doch nicht die erhoffte Rückkehr der Massen zur alten Staatsreligion. Und neben den Abgefallenen gab es auch das standhafte Bekennen zum Christentum trotz Gefängnis, Güterkonfiskation, Folter und Verbannung. Auch lenkte bald der Gotenkrieg den Kaiser ab, und sein überraschender Tod im Frühjahr 251 beendete das christenfeindliche Regime. „Der Friede ist der Kirche wiedergegeben ... und unsere Sicherheit ist wiederhergestellt", schrieb Cyprian um diese Zeit (De lapsis 1).

Die Verfolgung unter Kaiser Valerian

Nach dem Schock der decischen Verfolgung und der pastoralen Beruhigung konnte sich die Christengemeinde wieder sammeln und festigen. Kaiser Valerian (253–260) begann erst in seinem vierten Regierungsjahr mit der Christenverfolgung. Wahrscheinlich war es die außenpolitische Herausforderung, die den Kaiser drängte, im Innern des Reiches potentielle politische Gegner auszuschalten. Gezielt begann er seine Verfolgung mit der Aufforderung an den Klerus, ein Treuebekenntnis zu den Göttern, die das Reich erhalten, abzulegen (Eusebius, Kirchengeschichte VII 11, 6–7) und einem generellen Versammlungsverbot für die Christen (Edikt von 257). Das nächste Edikt von 258 verfügte die Todesstrafe für die Kleriker, die das Treuegelöbnis verweigert hatten und dehnte die Forderung auf die höhergestellten Christen aus; die Verweigerung wurde mit Tod, Verbannung und Güterkonfiskation bestraft. Das Ziel der brutalen Maßnahmen war eindeutig: die christlichen Gemeinden sollten um ihre Führungsschicht, ihr öffentliches Ansehen und ihr Vermögen gebracht werden. Fiskalische Interessen des Staates spielten dabei keine geringe Rolle. Die Christen widerstanden der zweiten großen Verfolgung entschieden und geschlossen. Die Zahl der Bekenner war groß; die der Martyrer ebenso. In Rom starb Bischof Xystus mit seinen Diakonen, in Tarragona Bischof Fructuosus mit zwei Diakonen; Bischof Dionysius von Alexandrien überlebte die Verbannung. Bischof Cyprian von Karthago wurde am 13. September 258 „als Feind der römischen Götter und der heiligen Religion“ hingerichtet.

Das ruhmlose Ende des Kaisers im Perserfeldzug beendete die Verfolgung. Sein Sohn Gallienus (260–268) führte die christenfeindliche Religionspolitik nicht weiter. Im Gegenteil, in bedrängter politischer Situation verfügte er die Restitution des in der Verfolgung entzogenen Kirchengutes und sprach öffentlich wenigstens Duldung der religio christiana aus (Eusebius, Kirchengeschichte VII 13). Bischof Dionysius von Alexandrien feierte den Umschwung der kaiserlichen Religionspolitik: „... Da das Reich gleichsam das Alter abgelegt und sich vom früheren sündhaften Zustand gereinigt hat, blüht es nunmehr jugendfrisch auf, wird weithin gesehen und gehört und breitet sich überallhin aus“ (ebd. VII 23, 3). Daß die freundliche Geste des Kaisers keinem grundsätzlichen Wohlwollen den Christen gegenüber entsprungen war, sondern kluger politischer Berechnung, hatte der gute Bischof nicht wahrgenommen!

Wie immer der Umschwung auch zustande gekommen war, Römerreich und christliche Kirche fanden wieder zu einer erträglichen Koexistenz. Als unter Kaiser Aurelian (270–275) innerkirchlicher Streit um Paul von Samosata, den Bischof von Antiochien, zu bereinigen war, leistete der Kaiser sogar Amtshilfe: Der solle Bischof von Antiochien sein, der mit den Bischöfen Italiens und Roms in Verbindung stehe (ebd. VII 30, 19). Die freundliche Hilfe dürfte auch von politischen Plänen mitbestimmt gewesen sein. Denn der abgesetzte Bischof von Antiochien war Parteigänger der aufständischen Kaiserin Zenobia von Palmyra gewesen, die der Kaiser im Jahr seiner kirchenfreundlichen Entscheidung besiegt hatte (272). Bringt man solche politische Berechnung ins Spiel, dann erklärt sich auch die erneute Wende in der Religionspolitik: Kurz vor seinem Tod soll der Kaiser ein Verfolgungsedikt geplant (oder gar erlassen) haben, das jedoch durch seine Ermordung ohne Wirkung geblieben ist.

Die Verfolgung unter Kaiser Diokletian

Das Ende des dritten Jahrhunderts erlebten die Christen als freundliche Friedenszeit. Der Regierungsantritt Diokletians im Jahre 284 änderte daran nichts, auch nicht die klug durchdachte Aufteilung der Herrschaft in der Tetrarchie: Maximilian als Augustus für den Westen, Galerius als Caesar für den Osten und Constantius Chlorus als Caesar für den Westen. Erst in den beiden letzten Regierungsjahren (303–305) kam es zu den großen Verfolgungen, die durchaus zur Machtprobe zwischen Staat und Kirche wurden.

Das entschieden restaurative Regierungsprogramm der Tetrarchie mit seiner bewußten Erneuerung der alten Sitten und der alten Religion mußte zum Konflikt mit den Christen führen. Die „Bewährung der Kirche“, die schon lange andauerte, hatte die Gemeinden und ihre Bischöfe selbstsicher gemacht. Eusebius erzählt rückblickend von den Leuten in den kaiserlichen Palästen und den obersten Reichsbeamten: „Diese ließen es zu, daß die Hofleute, Frauen, Kinder und Sklaven offen in Wort und Tat den Glauben bekannten, und gestatteten ihnen geradezu, sich ihrer Glaubensfreiheit zu rühmen. Sie bevorzugten sie in besonderer Weise gegenüber den Mitbediensteten“ (Eusebius, Kirchengeschichte VIII 1, 3). Der Umschwung kurz vor Ende der Regierungszeit Diokletians ist nicht leicht zu erklären. Seinem altnationalen „Romanismus“ mit seiner hergebrachten religiösen Toleranz hätte liberale Duldung entsprochen. Aber da hatte sich schon bei Decius eine gefährliche Bruchstelle gezeigt. Die traditionelle religiöse Liberalität hatte den Christen nie ganz gegolten. Die Christen waren es wohl selbst, die diese Liberalität auf die Probe stellten. Kurz vor der Verfolgung kursierten wieder ernste literarische Angriffe gegen die Christen: Porphyrius hatte um 270 sein Werk ›Wider die Christen‹ veröffentlicht. Ein unbekannter Philosoph schrieb ein anderes Werk gegen die Christen (Lactantius, Divinae institutiones V 2, 11), und schließlich meldete sich Hierokles zu Wort, der später als Statthalter von Ägypten zu einem gefürchteten Christenverfolger wurde. Eine Opposition gegen die Christen hatte sich da unter den Gebildeten formiert.

Ob die vier Herrscher durch ihre Stellung zum Christentum sich nicht auch zu profilieren suchten? Tatsächlich zeigt die Verfolgung von Ost nach West ein deutliches Gefälle in ihrer Intensität, das allerdings der unterschiedlichen Verbreitung des Christentums entsprach. Die christlichen Historiker, Eusebius und Lactantius, sehen in Galerius den eigentlichen Initiator. Wie groß immer dessen Anteil gewesen sein mag, den eigentlichen Anstoß zur Verfolgung der Christen mit dem Ziel der endgültigen Zerschlagung der christlichen Kirche gab der oberste Augustus Diokletian selbst. Nach der Befriedung des Reiches an seinen Grenzen und nach ernsten Reformen im Innern schritt der Kaiser zur umfassenden religiösen Restauration. Nach schweren Fällen der Dienstverweigerung im Heer wurden vom Jahr 299 an Christen aus dem Militär entlassen. Die Vorfälle ließen wiederum mit der Staatsgefährlichkeit der Christen operieren. Am 23. 2.

303 wurde das erste Edikt gegen die Christen veröffentlicht: Die christlichen Gotteshäuser sind zu zerstören, die hl. Bücher auszuliefern und zu verbrennen: jede Versammlung der Christen wird verboten; die Christen verlieren ihre Rechtsfähigkeit, die Höhergestellten ihre Ämter, Würden und Standesvorrechte.

Die im Sommer und Herbst 303 veröffentlichten Edikte betrafen den Klerus: Inhaftierung, bei Opferverweigerung Folter und Tod. Im Frühjahr 304 folgte das letzte Edikt, das den Opferzwang auf alle Christen ausdehnte und für die Verweigerung Zwangsarbeit in den Bergwerken oder den Tod verfügte.

Die sich steigernden Edikte zielten auf die vollständige Ausrottung der Christen. Die Verfolgung wurde vor allem im Osten, in Ägypten und Nordafrika außerordentlich hart und scharf durchgeführt. Die christlichen Zeugen – wieder Eusebius, Lactantius und dazu etliche echte Martyrerakten – zeichnen erschütternde Bilder von der Grausamkeit der verfolgenden Behörden. Die Brutalität und Raffiniertheit der Strafen sind das eine Charakteristikum dieser großen Verfolgungswelle. Die Standhaftigkeit der Christen, die nicht selten demonstrativ und provokativ wirkte, das andere. Die dritte Eigenart liegt in der schon genannten unterschiedlichen Anwendung der Verfolgungsgesetze in den Reichsteilen. Der westliche Teil unter Constantius Chlorus kam fast unbehelligt durch die Leidenszeit.

Der am stärksten bedrängte Osten hatte auch nach Diokletians Abdankung weiter zu leiden. Galerius, nun Augustus, und sein Caesar Maximin Daja führten die Verfolgung ungehemmt sechs Jahre lang weiter. Auf seinem Sterbebett erst kapitulierte Galerius. Mit Datum vom 30. April 311 erließ er im Namen der Regenten ein umfassendes Toleranzedikt. Der Kaiser gesteht das Scheitern seiner Religionspolitik ein. Noch einmal will er seine Politik unter das alte Ideal der „utilitas publica" gestellt sehen und von den „alten Gesetzen" und der öffentlichen Ordnung der Römer diktiert wissen. Eigensinn und Torheit habe die Christen uneinsichtig gemacht. Trotz aller Strafen seien sie nicht zum alten Kult der Götter zurückgekehrt. Deshalb das mühsam abgerungene Zugeständnis: Sie sollen nun

Christen sein und ihre Versammlungsstätten wieder herrichten, freilich bei allem Respekt vor der gültigen Ordnung. Der Kaiser anerkannte mit diesem Edikt die religio christiana als legitime Äußerung religiöser Überzeugung. Christliche Religion ist nun religio licita. Sofort wird sie auch in die alte Vorstellung der politischen Religiosität gespannt: „Entsprechend diesem unserem Gnadenerlaß ist es ihre Pflicht, zu ihrem Gott zu beten für unser Heil, für das des Staates und ihr eigenes, damit das Staatswesen in jeder Hinsicht unversehrt und sie selbst sicher in ihren Wohnsitzen leben können“ (Lactantius, de mort. pers. 34, 5; Eusebius, Kirchengeschichte VIII 17, 3–10).

Der denkwürdige Erlaß beendete die letzte große Verfolgung der Alten Kirche. Sie hatte die gefährliche Machtprobe bestanden. Von Siegern und Besiegten wird man nicht reden können. Während des Kampfes gab es nur Verfolger und Verfolgte. Die Verfolger bekannten sich in ihrer „Kapitulation“ keineswegs zum christlichen Glauben; das nur wäre der Sieg der Verfolgten gewesen. Sie blieben bei ihrer alten Religion und diktierten diese nun auch den Verfolgten: Ihr Gott – der Deus Christianorum – gehört zu den staatstragenden, die salus publica garantierenden Staatsgöttern. Das hatten die Christen zwar immer schon gesagt. Aber sie hatten damit eine Ausschließlichkeit und Absolutheit gemeint, die ein radikales Nein zu den alten Göttern einschloß. Das Toleranzedikt von 311 brachte wohl die Befreiung von langer Unterdrückung, mußte aber gleichzeitig zum Ausgangspunkt einer neuen Auseinandersetzung zwischen dem Deus Christianorum und den Dii Romanorum werden.

2. Die Einheit von Römischem Reich und christlicher Kirche

a) Kaiser Konstantin (306–337)

Das Toleranzedikt des Galerius von 311 veränderte die Religionspolitik des Römischen Reiches und die Stellung der Christen im Reich grundsätzlich. Der zähe Widerstand der Christen hatte dem Herrscher die Wende abgerungen. Aber die Anerkennung des Christentums als religio licita war Tat des Kaisers und mit seinem Diktat spannte er sie in das antike Religionsverständnis ein. Auch in der folgenden Zeit blieb es so; der Kaiser bestimmte das Geschick der christlichen Religionsgemeinschaft und ihre Stellung im Reich. Denn er wußte sich als Pontifex Maximus, dem die Sorge für die Religion und die Rechtshoheit über ihre Belange von Amts wegen zukamen.

Konstantin der Große, mit dessen Leben und Werk der Begriff der „Wende" – freilich in arger Verkürzung – bis heute verbunden geblieben ist, schritt auf dem religionspolitischen Weg, der im Jahr 311 eingeschlagen wurde, entschieden und energisch weiter. Der Sohn des Constantius Chlorus und der Helena (geboren um 280 in Nisch) ist am östlichen Kaiserhof aufgewachsen und sah sich bei der Regierungsneubildung im Jahre 305 übergangen. Zwar wurde sein Vater Augustus für das Westreich; er selber wurde jedoch nicht an der Regierung beteiligt. Das Militär korrigierte: Als Constantius Chlorus im Jahr 306 starb, wurde sein Sohn von den Soldaten zum Augustus ausgerufen. Von diesem Augenblick an verfolgte Konstantin nur das eine Ziel, die Alleinherrschaft im Römischen Reich zu erlangen. Ohne große Schwierigkeiten fand er im westlichen Reichsteil Anerkennung (Britannien, Gallien und Spanien). Als Wiederhersteller der aufgelösten und zerstörten Ordnung im Reich ließ er sich von den Panegyrikern feiern. Von ihnen ließ er sich bestätigen, daß er durch Beschluß der höchsten Götter dazu berufen sei, das Reich zu erlösen. Der politisch-militärische Erfolg verschaffte ihm auch die Anerkennung der legitimen Herrscher. Italien allerdings war in der Hand des Usurpators Maxentius. In der berühmten Schlacht an der Milvischen Brücke (Rom), am 28. Oktober 312, besiegte er ihn und war damit Alleinherrscher im Westen. Der Römische Senat erklärte ihn zum älteren Augustus, neben dem Mitkaiser Licinius. Mit diesem verband sich Konstantin zunächst; im Februar 313 gab er ihm seine Schwester Constantia zur Frau. Nachdem Licinius noch im gleichen Jahr seinen östlichen Rivalen Maximin Daja besiegt hatte, begann er sich von Konstantin wieder abzusetzen und seinerseits nach der Alleinherrschaft zu streben. Die Entfremdung der beiden Augusti führte erneut zum Krieg. Am 18. September 324 wurde Licinius in der Schlacht bei Chrysopolis vernichtend geschlagen. Konstantin war Alleinherrscher über das gesamte Römische Reich und blieb es unangefochten bis zu seinem Tod im Jahr 337.

Die erfahrene Hilfe Christi

Doch kehren wir zurück zur Schlacht an der Milvischen Brücke; sie war nicht nur ein entscheidendes politisches Ereignis, sie ist auch ein unmittelbar kirchengeschichtliches Datum. Bei den christlichen Historikern der Konstantinzeit – Lactantius und Eusebius von Caesarea – erfuhr sie christliche Interpretation. Nach ihren Berichten hat Konstantin vor der Schlacht „Christus zum Bundesgenossen" angerufen, auf himmlische Weisung das Christusmonogramm als Feldzeichen gewählt und vom Strahlenkreuz Christi selbst die Siegesverheißung erhalten. In der Anrufung göttlichen Beistandes für die Schlacht folgte der Kaiser guter antiker Kriegstradition. Neu jedoch war, den Gott der Christen als Helfer in der Schlacht zu beanspruchen. Das war in der Tat die persönliche Entscheidung Konstantins. Seine eigene Religiosität hatte sich von der tetrarchischen Theologie abgewandt und über den Apollo-Sol-Kult zum christlich geprägten Monotheismus gewandelt. Freundlichen Helferdienst hat bei dieser „Bekehrung" vielleicht der spanische Bischof Ossius von Cordoba geleistet, der sich damals im Gefolge Konstantins befand. Auf jeden Fall zeigte sich der Kaiser nach der siegreichen Schlacht genauso, wie es jene christlichen Deuter des Geschehens nahelegen. Er unterließ das übliche Dankopfer auf dem römischen Kapitol und schrieb den Sieg in behutsamer Zurückhaltung göttlicher Führung zu („instinctu divinae maiestatis"). Weitere Ereignisse weisen in die gleiche Richtung. Anläßlich der Hochzeit des Licinius mit der Kaiserschwester kam es zu einer religionspolitischen Absprache zwischen den beiden Augusti: Sie versprachen dem ganzen Reich Religionsfreiheit, in deren Genuß vor allem die Christen kommen sollten. Die Einzelverfügungen gehen über das Edikt von 311 hinaus und schreiten zur großzügigen Anerkennung der Körperschaft der Christen („Corpus Christianorum"). Die Begründung für die Gunsterweise ist eindeutig: „Da wir das göttliche Wohlwollen, das wir schon bei vielen Gelegenheiten erfahren haben, für alle Zeiten fest erhalten wissen wollen" (Eusebius, Kirchengeschichte X 5, 1–15; Lactantius, de mort. pers. 48). In der gleichen Zeit erhielt der nordafrikanische Prokonsul Anullinus Anweisungen aus der kaiserlichen Kanzlei. Einmal sollte er dafür Sorge tragen, daß kirchlicher Besitz so schnell wie möglich zurückerstattet wird, wobei sich der Kaiser auf sein Rechtsempfinden berief (Eusebius, Kirchengeschichte X 5, 15–17). Zum anderen ging es um eindeutige Privilegierung der christlichen Kirche. Ihre Kleriker sollten staatliche Entlohnung für ihre Arbeit empfangen und von allen staatlichen Dienstleistungen befreit werden. Denn der Dienst des Klerus ist höchstwichtiger, öffentlicher, der Gottheit geschuldeter Dienst: „bringen sie doch sichtlich dadurch, daß sie ihres höchsten Amtes gegenüber der Gottheit walten, unermeßlichen Segen über den Staat" (ebd. X 7, 2). Das Staatsinteresse verlangt die Förderung des christlichen Kultes. Konstantin teilte die altrömische Überzeugung, daß „Mißachtung der Religion" dem Staat immer große Gefahr gebracht hat, ihre Pflege aber großes Glück. Ganz offen bestimmt die politische Religiosität diese Gunsterweise für die christliche Kirche. Das Neue und Unerhörte: jetzt ist der christliche Kult Garant des Staatswohles. Der Kaiser band seinen weiteren Erfolg an den geregelt vollzogenen christlichen Kult. Gerade das Herkommen von der antiken Religiosität erklärt, warum Konstantin den kultischen Aspekt der Christenreligion so sehr betonte. Zur Privilegierung des Klerus fügte sich die kaiserliche Förderung des Kirchenbaues. Wenn kaiserliches Bauen herrscherliches Selbstverständnis kundgibt, dann weist auch der Bau christlicher Kirchen auf den zum Christen gewordenen Kaiser hin. Die Kaiser vor ihm hatten Tempel gebaut und sie großzügig ausgestattet. Konstantin folgte formal diesen Vorbildern; genau wie die kaiserlichen Tempelstiftungen, so erfolgten seine Kirchenstiftungen. Es waren vor allem die großen Zömeterialkirchen in Rom und die sogenannten Theophaniekirchen in Palästina. Die Sorge um den geregelten Kult führte schließlich auch nach 321 zur Bestimmung des Sonntags als arbeitsfreien Tages. Die Christen erhielten damit ihren eigenen Kulttag. All das weist auf Konstantins persönlichen Entschluß für den Christengott und jene Religionsgemeinschaft, die diesem die schuldige Verehrung leisten konnte. Der Gott der Christen hatte sich ihm als der „mächtigere Gott" erwiesen. Und diese Erfahrung hatte bislang jede Probe bestanden.

Der Ärger mit den Donatisten

Dabei bereitete die christliche Kirche dem Kaiser keineswegs nur Freude. Nordafrika bescherte ihm eine gespaltene, zerstrittene Kirche. Im Jahre 312 war in Karthago der Archidiakon Caecilian zum Bischof gewählt worden. Doch diese Wahl stieß auf Ablehnung bei einem Teil der Großstadtgemeinde und auch über sie hinaus. Nachwehen der diokletianischen Christenverfolgung traten dabei zutage. Caecilian und den Seinen wurde verräterisches Taktieren während der Verfolgung vorgeworfen. Seine Gegner dagegen beanspruchten für sich treue Standhaftigkeit, Bereitschaft zum Martyrium und zur Verfolgung. Hinter jenem unmittelbaren Streitanlaß müssen Gegensätze zwischen der stark romanisierten Provinz Africa Proconsularis und der Provinz Numidien beachtet werden. Die Gegensätze prallten nun hart aufeinander. Für Karthago wurde ein zweiter Bischof, Maiorinus, gewählt; ihm folgte Donatus im Amt, der dieser zweiten Kirche Nordafrikas schließlich den Namen gab (Donatismus).

Konstantins Gunsterweise für die nordafrikanische Kirche hatten nur Caecilian und seinen Anhängern gegolten; die Pars Donati war davon ausgeschlossen geblieben. Die kirchlichen Berater mußten Konstantins Entscheidung bestimmt haben. Von Caecilian und seiner Gemeinde sah der Kaiser den rechtmäßigen Kult getragen. Das bedeutete zweifellos eine Stärkung der

Pars Caeciliani. Die Gegenpartei wehrte sich; sie forderten vom Kaiser eine gerichtliche Untersuchung darüber, wer in Karthago rechtmäßiger Bischof sei. Sie gestand dem Kaiser also die Rechtshoheit über die Kirche zu. Auch sie sah in ihm den Pontifex Maximus, ausgestattet mit dem „ius in sacris". In ihrem Antrag hielt sie sich an den vertrauten römischen Rechtsweg: Der Kaiser solle ein Sondergericht einsetzen („datio iudicum"). Eine erste Gerichtsverhandlung fand im Oktober 313 in Rom statt unter dem Vorsitz des römischen Bischofs Miltiades, übrigens im Palast der Kaiserin Fausta, den Konstantin eben dem Bischof von Rom überlassen hatte. Die Entscheidung fiel gegen die Donatisten aus. Deren erneute Appellation an den Kaiser führte im folgenden Jahr zum Konzil von Arles. Wieder wurde die Klage der Donatisten abgewiesen und Caecilian als rechtmäßiger Bischof anerkannt. Die Donatisten waren dadurch zur Gegenkirche geworden und außerdem in kaiserliche Ungnade gefallen, die zu ihrer staatlichen Verfolgung führte. In stolzem Selbstbewußtsein, Kirche der Reinen, Heiligen und der Martyrer zu sein, trotzten sie der Verfolgung und sammelten sich in entschiedenem Widerstand gegen die kaiserliche Religionspolitik. War vorher auch von dieser Seite das Herrscherrecht im religiösen Bereich zugestanden, so wurde es nun abgelehnt. Die Kirche des 4. Jahrhunderts blieb bei dieser pragmatischen Haltung: Grundsätzlich bestritt sie das Herrscherrecht nicht. Erst im Konfliktfall wurde die kaiserliche Zuständigkeit in Kirchen- und Glaubensfragen angezweifelt. Dann erst regte sich berechtigter kirchlicher Widerstand: „Was hat der Kaiser überhaupt mit der Kirche zu tun?" (Donatus).

Konstantin selbst wurde nicht Herr über die donatistische Bewegung. Von 321 an zog er sich aus der Auseinandersetzung zurück. Die Spannungen mit Licinius erforderten seine Aufmerksamkeit. Den Donatisten gewährte er „schändliche Duldung" und überließ sie dem „Gericht Gottes" (Optatus, contra Parmenianum Donatistam, app. IX). Mit diesem Spruch konnten die Donatisten weiterleben. Sie blieben eine starke nordafrikanische Kirche, die sich immer mehr radikalisierte und auch politisierte. Für die nachfolgenden Kaiser blieben sie deshalb eine gefährliche oppositionelle Bewegung. Die dringend notwendige Diskussion mit ihr führte jedoch erst Augustinus. In der Auseinandersetzung mit ihr erwuchs seine katholische Kirchen- und Sakramentenlehre. Ganz überzeugen konnte er freilich die Donatisten nicht; resigniert bejahte dann auch er staatliche Gewalt gegen die Donatisten, die er mit biblischem Wort (Lk 14, 23: Compelle intrare) rechtfertigte.

Der Streit um Arius

Der Mißerfolg der konstantinischen Religionspolitik in Nordafrika hinderte den Kaiser nicht, in einem neuen Streitfall den gleichen Weg zu gehen. Als er 324 Alleinherrscher im Reich geworden war, traf er auch im Osten auf eine gespaltene Kirche. Anlaß des Streites war dort die zentrale Glaubensfrage, das wahre Gott-sein des göttlichen Logos. Dogmengeschichtlich führte die Frage weit zurück; Unaufgeklärtes und Unaufgearbeitetes war liegengeblieben. Jetzt wurde aus dem altkirchlichen Subordinatianismus eine letzte Konsequenz gezogen: Arius, ein in Antiochien ausgebildeter Theologe, der in Alexandrien als Pfarrer wirkte, wurde zum Herausforderer. Sein Auftritt in Alexandrien geschah in einer aufgeregten und beunruhigten Großstadtgemeinde. Auch in Alexandrien gab es eine in der Verfolgungszeit entstandene schismatische Gemeinde. Der alexandrinische Bischof Alexander mußte alles daransetzen, seine Gemeinde zur Einheit zu führen. Da wog die eigenwillige Predigt des Arius doppelt schwer. Kernsätze seiner Verkündigung waren: Es gab in Gott eine Zeit, in der es keinen Sohn gab. Der Sohn wurde vom Vater aus dem Nichts geschaffen. Gottes Sohn wurde damit auf die Seite der geschaffenen Wesen gestellt. Freilich wurde er als besonderes, als erstes Geschöpf des Vaters angesehen: „Im Anfang seiner Werke schuf mich der Herr“ (Spr 8, 22), war ein vielbemühter Schriftbeleg. Bischof Alexander reagierte mit scharfem Protest und schloß Arius aus seiner Kirche aus (wohl 318). Dieser fand Unterstützung bei seinen antiochenischen Studiengefährten, und so wurde der Streit über Alexandrien hinausgetragen und bewegte die Kirche des Ostens. Einigungsversuche führten zu keinem Ergebnis. In dieser Lage traf Kaiser Konstantin die östliche Kirche an und wurde sofort mit der theologischen Streitfrage befaßt. Der Kaiser wandte sich persönlich an die Hauptakteure: „Du, Alexander, hast die Presbyter befragt, was jeder über eine Stelle des Gesetzes, ja über einen belanglosen Teil einer Frage denkt; Du, Arius, hast unbedacht geantwortet, was gar nicht erst gedacht oder mit Schweigen übergangen werden sollte. Dadurch ist die Gemeinschaft verleugnet und das Volk in zwei Teile gespalten" (Eusebius, vita Constantini II 69).

Der Kaiser stand hilflos vor dem Geheimnis des Christenglaubens. Ihm ging es um den Glauben an den einen Gott und die Einheit der diesen Gott verehrenden Gemeinschaft. Der Theologenstreit betraf deshalb unmittelbar das Reich, dessen Sicherheit, Friede und Wohlergehen mit dieser Gottesverehrung verknüpft ist. Für den Kaiser lag wiederum eine Rechtsfrage vor; „denn was die Sache des Römischen Reichs betrifft, ist öffentliches Recht", so die antike, auch für Konstantin gültige Lehre. Die mögliche Entscheidungsinstanz einer solchen Rechtsfrage wurde in der Auseinandersetzung mit den Donatisten schon erprobt: Eine Bischofsversammlung im Namen des Kaisers. Konstantin berief die Bischöfe nach Nizäa/Bithynien, wo die Synode wahrscheinlich am 25. Mai 325 in der Aula des kaiserlichen Palastes zusammentrat. Die aufgeworfene Glaubensfrage wurde im Symbolum von Nizäa beantwortet: Die gesamte Christenheit bekennt die Wesenseinheit von Gott-Vater und Gott-Sohn (homousios). Automatisch wurde das Bekenntnis zu einem Reichsgesetz. Die wenigen, die ihre Zustimmung versagten – Arius und ein paar Getreue – wurden nicht nur aus der kirchlichen Gemeinschaft ausgeschlossen, sondern auch vom Kaiser in die Verbannung geschickt. Der Kaiser ließ die Bischöfe auch andere Fragen des kirchlichen Lebens rechtskräftig entscheiden. Die kirchliche Organisation wurde der Reichsorganisation entsprechend geordnet; das war zwar vorher schon gültiger Brauch, wurde nun aber rechtlich festgelegt und führte zur

Metropolitanverfassung der Kirche (can. 4). Die Bischöfe der alten Hauptstädte Rom, Alexandrien, Antiochien wurden in ihrer Sonderstellung bestätigt (can. 6). Auch ein einheitlicher Termin für das Osterfest wurde bestimmt. In all dem zeigte sich die enge Verknüpfung von Reich und Kirche und die Sorge des Kaisers um deren Einheit und Einheitlichkeit. Passend feierte der Kaiser dann auch sein zwanzigjähriges Regierungsjubiläum mit dem Abschluß des Konzils: „Den Dienern Gottes aber veranstaltete der Kaiser selbst ein Festmahl, an dem er mit ihnen, nachdem sie Frieden geschlossen hatten, teilnahm, um durch sie damit gleichsam Gott ein sehr würdiges Opfer darzubringen. Kein Bischof fehlte an der Tafel des Kaisers.“ Dem begeisterten Kaiserbiographen erschien dieses einmalige Erlebnis „fast wie ein Bild vom Reiche Christi“ (Eusebius, vita Constantini III 15).

Der Bischof derer, die draußen sind

Für den Augenblick konnte Kaiser Konstantin mit seiner Religionspolitik zufrieden sein. Das Band der Einheit im Glauben war geknüpft; daß es außerordentlich schwach und brüchig war, wurde zunächst freundlich übersehen. Unter den Bischöfen fühlte sich der Kaiser wie unter seinesgleichen. Er nannte sich „Bischof derer, die draußen sind“ („dessen, was draußen ist“). Von solch kaiserlich-bischöflicher Sorge blieben die Heiden weithin unberührt. Er ließ sie gewähren und hoffte, daß sie schließlich von der Kirche, dem lichten Tempel der Wahrheit, angezogen würden. Doch zum Versuch einer christlichen Gestaltung der Öffentlichkeit fühlte er sich dadurch gedrängt. Aber auch hier stieß er bald an die Grenzen des Machbaren; immerhin war ihm klar, daß er einen noch heidnischen Staat zu regieren hatte. Seine Gesetzgebung konnte deshalb nicht einfach revolutionäre Christianisierung durchsetzen wollen. Wer hätte ihm auch dafür eine umfassende christliche Vorlage bieten können? Die Gesetze zugunsten der christlichen Kirche sind sicher dem christlichen Kaiser zu verdanken, ebenso das Verbot der Schändung des menschlichen Antlitzes, der Kreuzigung und die Begünstigung Kinder- und Eheloser. Für den weiteren Bereich seiner Gesetzgebung – Ehe, Sklaverei, Verbot der Gladiatorenspiele, Sozialfürsorge – ist jedoch die ältere humanisierende Tendenz der spätrömischen Gesetzgebung in Rechnung zu setzen. Sie hatte schon eine Milderung und Vermenschlichung des strengen römischen Rechtes angestrebt. Damit konnte christlicher Wille leicht verbunden werden, wenn Formeln und Zitate aus dem Alten Testament begründend eingefügt wurden, wie es die interessante ›Collatio legum Mosaicum et Romanorum‹ zeigt, die sich als „Gesetz Gottes, das der Herr dem Mose vorgeschrieben hat" vorstellte (wohl Mitte des 4. Jahrhunderts).

Eine letzte Tat Konstantins muß noch erwähnt werden: Die Gründung Konstantinopels als neuer Reichshauptstadt. Zunächst waren es strategische Gründe, die ihn nach einer Residenz im Osten Ausschau halten ließen. Dazu kam, daß der Kaiser zur alten Reichshauptstadt kein persönliches Verhältnis finden konnte. Dem gesteigerten Sendungsbewußtsein kam die Gründung einer Stadt entgegen; herrscherliche Selbstdarstellung konnte sie in vollendeter Form sichtbar machen. Auch eine christliche Stadt konnte gegründet werden. Freilich waren diesem Ziel Grenzen gesetzt. Ganz ohne alte Tempel blieb die Stadt nicht. Tyche und Rhea behielten ihre Tempel. Der Kaiser selbst erhielt seinen Ehrenplatz in einer Heliosstatue. Aber dazu fügten sich die christlichen Kirchen. Das neue, zweite Rom wurde im Jahr 330 eingeweiht. In der Apostelkirche fand Konstantin schließlich sein Grab, der am Pfingstfest 337 verstarb, nachdem er kurz zuvor die Taufe empfangen hatte.

Kaiser Konstantin legte den Grund für die Einheit von Römerreich und christlicher Kirche. Die Aktivität lag dabei entschieden auf seiner Seite; aber die Kirche sah keinen Grund, sich seiner Umarmung zu entziehen. Der Kaiser selbst hatte mindestens seit 312 sein politisches Geschick mit dem der christlichen Kirche verbunden. Als echter antiker „homo religiosus" mußte er besorgt sein, daß jener göttlichen Macht, deren Hilfe und Segen er erfahren hatte, die schuldige Verehrung entgegengebracht wurde. Dieses Grundmuster religiösen Denkens und Handelns beherrschte ihn; neu war in der römischen Kaisergeschichte, daß er es auf die christliche Religion übertragen und damit das Christentum in das Gefüge des Römerreichs integriert hatte. An Bischof Caecilian von Karthago hatte er geschrieben, daß ihn die Sorge bewege, welche Verehrung der höchsten Gottheit darzubringen sei und welcher Kult sie erfreuen könnte. Auch als Christ wußte sich Konstantin zuerst als „Verehrer Gottes" (cultor Dei). So ganz vereinzelt stand er damit keineswegs unter den Christen. Lactantius, der seit 317 am Hofe Konstantins weilte, faßte sein christliches Bekenntnis in die Formel zusammen: „Dazu ist die Welt geschaffen worden, damit wir geboren werden. Dazu werden wir geboren, damit wir den Schöpfer der Welt und unseren Gott erkennen. Dazu erkennen wir, damit wir verehren. Dazu verehren wir, damit wir die Unsterblichkeit als Lohn für die Mühen erlangen. Die größte Mühe aber ist die Verehrung Gottes" (Divinae Institutiones VII 6, 1).

b) Die Zeit bis Kaiser Theodosius I. (379–395)

Der Kaiser und die verschiedenen christlichen Konfessionen

Im Jahre 337 übernahmen die Söhne Kaiser Konstantins die Herrschaft des Römerreiches. Konstantin II., der älteste Kaisersohn, erhielt die westliche Reichshälfte, Constantius II. die östliche, und Constans, der jüngste Kaisersohn, erhielt das Verwaltungsgebiet Afrika, Reichs-Italien und Illyrien. Die nicht ganz überzeugende Nachfolgeregelung – zwei Reichsteile und drei Herrscher – wurde schon 340 im Bruderkrieg geklärt: Konstantin wurde von Constans geschlagen, der danach das Westreich regierte. Zehn Jahre später wurde er vom Usurpator Magnentius gestürzt, und Constantius blieb als einziger Konstantinsohn übrig. Nachdem er 353 Magnentius besiegt hatte, regierte er allein das Reich bis zu seinem Tod im Jahre 361. Die nachkonstantinische Kirchengeschichte wurde entschieden von diesem Kaiser geprägt. Alle drei Kaisersöhne waren Christen. Grundsätzlich blieben sie auf dem von ihrem Vater eingeschlagenen Weg der großzügigen Förderung der Kirche. Von dessen Duldung des Heidentums dagegen rückten sie ab: „Der Aberglaube muß aufhören und die törichten Opfer müssen abgeschafft werden." Das wurde zur offiziellen Meinung, die im Jahre 341 auch in ein kaiserliches Verbot der heidnischen Opfer aufgenommen wurde. Kirchenmänner unterstützten diese Religionspolitik: „Mitleid mit den Irrenden wäre Grausamkeit, Grausamkeit ihnen gegenüber ist wahres Mitleid" (Firmicus Maternus). Allerdings waren kirchlicher und kaiserlicher Wille immer wieder zur Zurückhaltung gezwungen. Das Heidentum war noch stark, es pflegte weiterhin seine Tempel und Feste und bestimmte das öffentliche Leben. Als Constantius II. im Jahre 356 die alte Reichshauptstadt besuchte, war er von der unübersehbaren Allgegenwart des Heidentums tief beeindruckt und nahm Gesetze, die er kurz zuvor gegen die heidnischen Kulte erlassen hatte, wieder zurück.

Die Wirklichkeit zwang den Kaiser immer wieder, von seinem gültigen Prinzip abzugehen: „Aus dem Glauben wollen wir ständig uns freuen und rühmen, denn wir wissen, daß unser Staat mehr durch die Religion als durch Ämter und menschliche Anstrengung bewahrt wird" (Cod. Theod. 16, 2, 16; vom Jahr 361). Diese Religion war allein die christliche. Öffentliches Wohl und christliche Religion waren für Constantius II. identisch. Das konnte zwar auch schon für seinen Vater ausgesagt werden. Die Sorge für die Religion, die anerkannte Wahrnehmung der Rechtshoheit in den Fragen der Religion waren in der nachkonstantinischen Zeit dazu angetan, das kaiserliche Kirchenregiment herauszufordern. Seit Konstantin der Große im Jahr 328 von der nizänischen Glaubensformel abrückte, 335 Arius rehabilitierte und Bischof Athanasius von Alexandrien als kompromißlosen Verteidiger des Nizänums verbannte, war es um den konfessionellen Frieden im Reich geschehen. Constantius II. stand von Anfang an auf der Seite der Antinizäner: Seine beiden Brüder dagegen auf der der Nizäner. Der notwendige Konflikt zwischen Bischöfen und Kaiser wurde deshalb auch im Westen bis zum Jahr 353 nicht erlebt. Hier hatten die Bischöfe am kaiserlichen Kirchenregiment nichts zu beanstanden; der

Kaiser war ihres Bekenntnisses, und so konnte man hier kaiserlich und kirchlich sein. Der Konflikt wirkte sich zunächst nur im Osten aus, wo nizänische Bischöfe die kaiserliche Herrschaft als Willkürregiment erleben mußten. Unter dieser Erfahrung gedieh kirchlicher Widerstand. Sie förderte das Streben nach kirchlicher Freiheit. Und nach 353 mußten sich solche Stimmen auch im westlichen Reich erheben. Ossius von Cordoba, der einst Konstantins Schritte in dem christlichen Glauben begleitet hatte, Hilarius von Poitiers, den der Kaiser 356 in den Osten verbannte, Lucifer von Cagliari u. a. artikulierten den kirchlichen Widerstand und führten eine mutige Opposition an, die konfessionell begründet war, sich jedoch politisch auswirken mußte. In ihren scharfen Angriffen wurde Constantius zum Antichristen, zum schlimmeren Gegner, als es einst Nero und Decius gewesen waren: „Constantius, ihr kämpft gegen Gott. Ihr wütet gegen die Kirche. Ihr verfolgt die Heiligen. Ihr haßt die Verkünder Christi. Ihr vernichtet die Religion. Ihr seid ein Tyrann, nicht mehr nur in irdischen, sondern in göttlichen Dingen!“ (Hilarius, contra Constantium Imp.).

Das Reichsvolk wird zum Kirchenvolk

Mit dem Tode des Constantius fand diese Herrschaft über die Kirche ihr Ende. Die nizänische Partei konnte aufatmen, denn ihre Gegner hatten ihre politische Stütze verloren; nur Kaiser Valens (364–378) verband sich noch einmal mit dieser theologischen Richtung. Das Verhältnis von Imperium und Kirche fand damit freilich noch keine neue Bestimmung. Im Gegenteil: Kaiser Theodosius verfügte in seinem berühmten Reichsgesetz vom 28. 2. 380 (›Cunctos populos‹), daß das nizänische Bekenntnis alleingültiges Glaubensbekenntnis im Römischen Reich sein sollte. Christlicher Glaube und römische Religion wurden dadurch eins. Die konfessionelle Einheit im Reich war damit wiederhergestellt, allerdings durch kaiserliches Gesetz und keineswegs durch bischöfliche oder synodale Mitwirkung und Sanktion. Die große Mehrheit der Bischöfe, nun wieder geeint im Bekenntnis von Nizäa, sah sich auch geeint mit dem

Kaiser im Bekenntnis. So brauchte dieser Spruch nicht als ungehörig zurückgewiesen zu werden. Mit jenem Gesetz war das Reichsvolk zum Kirchenvolk geworden; der Römer war nun zum Christen erklärt, auch wenn die Wirklichkeit dem noch keineswegs entsprach. Der Kaiser als Herr über das Reich hatte sich auch als Herr über die Kirche gezeigt. In den letzten beiden Jahrzehnten des 4. Jahrhunderts wurde jedoch erneut nach dem Verhältnis des Kaisers zur Kirche gefragt. Es zeigte sich, daß die neue christliche Religion nicht einfach mit der alten römischen gleichgesetzt werden konnte. Kaiser Gratian (375 bis 383) verzichtete auf den alten Rechts- und Hoheitstitel „Pontifex Maximus“, und die nachfolgenden Kaiser beanspruchten ihn nicht mehr, ohne deshalb auf ihr „ius in sacris“ einfach zu verzichten. Bischof Ambrosius von Mailand (374–397) hatte wohl auf diesen Verzicht gedrängt. Er hatte auch eine neue Platzanweisung für den Kaiser gefunden: Der Kaiser steht nicht über der Kirche, sondern in ihr; der Kaiser ist „Sohn der Kirche“ (Contra Auxentium). Diese neue Zuordnung, in einer Predigt am Palmsonntag 386 ausgesprochen, war situationsbedingt. Aber sie zielte auf eine grundsätzliche Klarstellung. Der Kaiser ist Sohn der Kirche („filius ecclesiae“); er hat die Kirche zu fördern. Er ist damit in das Corpus der Kirche eingefügt. Wie jeder andere Christ ist er in der Taufe zum Sohn der Mutter Kirche geworden. Was Glaube, ewiges Heil angeht, ist auch er ein Empfangender. Über sie, die „interna ecclesiae“, hat der Kaiser deshalb keine Macht. Als kaiserlicher Sohn der Kirche ist er jedoch in ihren Dienst genommen. Die „externa ecclesiae“ hat er durchaus mit seiner Macht und im Dienst der Kirche zu ordnen und zu schützen. Es war Kaiser Theodosius der Große, der diese neue Platzanweisung am eigenen Leib erfahren mußte. Als Christen im Jahr 388 die Synagoge von Kallinikon (Grenzgebiet des Euphrat) niederbrannten, verlangte der Kaiser mit Recht eine Wiedergutmachung. Ambrosius widersprach dem Kaiser entschieden und stellte das christliche Gesetz über das staatliche; denn vor der rechten Gottesverehrung müsse das Strafrecht zurücktreten, so Ambrosius (Ep. 40, 11). Nach einem schrecklichen Blutbad in Thessaloniki, das Theodosius befohlen hatte, verlangte Ambrosius vom Kaiser kirchliche Buße; der „Sohn der Kirche“ steht unter ihrem Gesetz!

c) Heidnische Opposition

Das Edikt des Kaisers Galerius vom Jahre 311 hatte das Christentum zur anerkannten Religion erklärt. Im antiken Religionsverständnis war es zu einer das Staatswohl erhaltenden und sichernden Religion geworden. Christliche Gottesverehrung war auch zum Ausdruck loyaler Haltung dem römischen Staat gegenüber geworden. Die römischen Kaiser waren seit Konstantin zügig und einseitig bei dieser Bestimmung des Christentums geblieben. Mehr und mehr mußte auf diesem Weg der Absolutheitsanspruch des Christentums allen Beteiligten bewußt werden und deshalb die von Kaiser Konstantin noch beachtete Freiheit anderer Religionen eingeschränkt und schließlich aufgehoben werden: „Den verlorenen Menschen sollte keine Möglichkeit mehr zu sündigen gegeben werden“ (Constantius II.). Mit der Festlegung eines einheitlichen Reichsbekenntnisses unter Kaiser Theodosius im Jahr 380 war dieses Ziel weithin erreicht; das in den folgenden Jahren dekretierte Verbot des Heidentums zog die letzte Konsequenz.

Kaiser Julian

Aber auch damals war das Heidentum noch eine lebendige und aktive Größe. Der Kampf zwischen „Jupiter und Christus“ wurde im 4. Jahrhundert zwar mit ungleichen Waffen geführt, aber ganz reibungslos verlief er keineswegs. Wenn Konstantin einst gemeint hatte, die Tempel des Lichtes und der Wahrheit würden die Heiden von selbst anziehen und überzeugen, so bedurfte es auch kräftiger politischer Nachhilfe. Das alte Heidentum hatte durchaus noch die Kraft zur Selbstverteidigung und zu oppositionellem Protest. Seine große Stunde fand es unter Kaiser Julian (361–363). Er war ein Neffe Konstantins des Großen, wurde 337 von einer Regierungsbeteiligung ausgeschlossen und zu politischer Untätigkeit bestimmt. Er beschäftigte sich mit philosophischen Studien, die ihn die Werte des hellenistischen Heidentums neu entdecken ließen. Vom Christentum wandte er sich ab und träumte von einer heidnischen Restauration des Römerreiches. Tiefes Sendungsbewußtsein erfüllte ihn: „Wer bist du selbst? Letzter Sproß der göttlichen Dynastie, der das ruhmreichste Zepter verheißen ist. Deine Seele ist auf diese Erde herabgestiegen mit einem Funken des göttlichen Feuers, das der Herr des Lebens, der Vater der sichtbaren Sonne ist. Das Auge Gottes ruht auf dir. Vielleicht wird die Stunde kommen, wo er dich aufrichten wird, das Griechentum und das Reich zu retten" (Himerius, orat. VII 9 u. a.).

Die Stunde kam! Constantius II. berief ihn 355 zum Caesar und schickte ihn nach Gallien. Der Philosoph erwies sich als tüchtiger Feldherr. Fünf Jahre später riefen ihn seine Truppen zum Augustus aus. Der Kampf gegen Constantius war unvermeidlich. Durch dessen plötzlichen Tod wurde Julian jedoch ohne Kampf zum Alleinherrscher. Die fast vierzig Jahre alte kaiserliche Religionspolitik suchte er in seinem Ungestüm radikal zu ändern. Die antiheidnischen Gesetze wurden aufgehoben, heidnische Tempel, Priester und Kulte wieder nachdrücklich gefördert und privilegiert. Die Begünstigung des Christentums wurde zurückgenommen; Ausschreitungen und Gewalttätigkeiten gegen die Christen ließ er ungestraft. Um die Juden zu gewinnen, gab er Anweisung, den Tempel und Jerusalem wiederaufzubauen. Der Plan, der auch als Schlag gegen die Christen gedacht war, ließ sich allerdings nicht ausführen. Christen wurden aus den öffentlichen Stellungen gedrängt. Im Jahr 362 verbot er ihnen jede Lehrtätigkeit in den Schulen. Von diesem Gesetz meinte sogar sein Bewunderer Ammianus Marcellinus, daß es unduldsam und wert sei, mit ewigem Schweigen bedeckt zu werden (22, 10, 7). Mit allen Mitteln suchte er dem heidnischen Kultus wieder Ansehen zu geben. Als Pontifex Maximus ging er in den Opferhandlungen selbst mit bestem Beispiel voran: „Wir verehren offen die Götter; und das gesamte Heer, das mir folgt, ist gottesfürchtig. Wir haben den Göttern Hekatomben von Dankopfern dargebracht, und ich gehorche ihnen bereitwilligen Sinnes, und sie verheißen, daß sie die Arbeit mit reicher Frucht vergelten werden, wenn ich nicht verzage" (Ep. 8).

Julian, der „letzte Heilige der griechischen Götter", wollte nicht verzagen. Aber in seiner Restaurationspolitik fand er wenig Beifall und Gefolgschaft. Denn es war nicht das alte Heidentum, dem er neues Leben geben wollte, sondern ein fremdes Gebilde. Er plante ein kirchlich organisiertes Heidentum, stellte an Ausbildung und Lebensführung der Priester hohe Anforderungen und verlangte sozial-karitative Tätigkeit von seinen heidnischen Kultgemeinden. Aber in diesem missionarischen Unternehmen blieb ihm der Erfolg versagt. Einunddreißigjährig fiel der Kaiser auf einem Feldzug gegen die Perser. Das zu Ende gehende Heidentum war seiner politischen Stütze beraubt. Die Usurpatoren des späten 4. Jahrhunderts verbanden ihre politische Opposition noch einmal mit heidnischer Religiosität: Der vorher erwähnte Magnentius war Heide; Eugenius, der schließlich gegen Theodosius antrat, war zum Heidentum zurückgekehrt. Er wurde 394 in der Schlacht am Frigidus geschlagen. Christus hatte sich wiederum als der stärkere Gott erwiesen: „Denn unseren Heeren wird das Kreuz, dem der Feinde das Bild des Herkules vorangetragen" (Theodoret, Kirchengeschichte V 25).

Intellektueller und aristokratischer Protest

Die politische Erhebung des Heidentums, auch in ihrer Verbindung mit militärischer Macht, kam nicht mehr zum Erfolg. Dabei konnte ein solcher Aufstand durchaus auf Sympathie und Unterstützung in der Gesellschaft des Römischen Reiches rechnen. Weite Kreise der Aristokratie standen wohl noch zu den alten Göttern und ihren Kulten. Gerade in Rom blieb in dieser Gesellschaftsschicht ein zäher Konservatismus lebendig, der sich durch Reichtum, Bildung und persönlichen Einsatz zu behaupten wußte. Die Größe Roms und seiner Geschichte unter der wohlwollenden Führung der alten Götter beherrschte ihr Denken, das auch literarischen Niederschlag fand. Die Verfasser der ›Historia Augusta‹ haben dieses Anliegen in der Form von Kaiserbiographien zum Ausdruck gebracht. Die ›Saturnalien‹ des Macrobius sind ganz von der verklärenden Rückschau auf Roms Vergangenheit bestimmt und ignorieren die Existenz des Christentums völlig. Am eindrucksvollsten trug die heidnische Opposition ihre Argumente im Streit um den „Altar der Victoria" vor. Es ging um die Statue der Siegesgöttin, die in der römischen Senatskurie stand – Unterpfand des siegreichen Rom! Constantius II. hatte sie im Jahre 357 entfernen, Julian jedoch wieder aufstellen lassen. Dann befahl Kaiser Gratian 382 ihre erneute Entfernung, wohl unter dem Einfluß des Bischofs Ambrosius. Doch die heidnischen Aristokraten wehrten sich entschieden dagegen. Ihr Wortführer war Symmachus, Stadtpräfekt der alten Reichshauptstadt. In einer berühmten Denkschrift (Relatio) trug er dem Kaiser – es war jetzt Valentinian II. (383–392) – die Bitte um Wiederaufstellung des Siegesaltares und Fortführung der staatlichen Unterstützung der heidnischen Kulte vor. In dieser Relatio findet man das „Glaubensbekenntnis" jener heidnischen Kreise. Die Roma darf es selbst vortragen: „Edle Fürsten, Väter des Vaterlandes, habt Ehrfurcht vor meinem Alter, in das mich die fromme Gottesverehrung gelangen ließ. Laßt mich die vorväterlichen Zeremonien feiern, denn mich gereut ihrer nicht. Laßt mich nach meiner Art leben, denn ich bin frei. Dieser Kult hat den Erdkreis meinen Gesetzen unterworfen ... Also bitten wir um Frieden für die Götter der Väter, für die Götter der Heimat. Es ist recht, daß wir das, was alle verehren, als ein Wesen betrachten. Zu denselben Sternen blicken wir empor, der Himmel ist uns allen gemeinsam, dasselbe Weltall umfängt uns. Was liegt daran, in welcher Lehre jeder die Wahrheit sucht. Auf einem einzigen Weg kann man nicht zu einem so hohen Geheimnis vordringen" (rel. 9–10). Es ist eine ergreifende und eindrucksvoll vorgetragene Bitte um das Existenzrecht der heidnischen Religion und ihrer Institutionen. Da alle Religionen nur Hinweise auf und Annäherungen an das unergründliche Geheimnis Gottes („grande secretum") sind, darf der Kaiser nicht eine Religiosität ausschließlich fördern. Aber die Religiosität des Symmachus und der Seinen, die mit dem fragwürdigen historischen Argument und mit einer neuplatonischen Gottesvorstellung arbeitete, war jetzt der christlichen unterlegen. Die Relatio hatte zwar am Kaiserhof Eindruck gemacht; ihre konkreten Anträge wurden jedoch strikt abgelehnt. Seit ›Cunctos populos‹ gab es im Römerreich nur noch einen Weg zu Gott. Das mußten nun auch die Heiden spüren, denn nach jenem Gesetz von 380 folgten eine Reihe weiterer Gesetze aus der kaiserlichen Kanzlei, die das Heidentum endgültig aus der Öffentlichkeit zu verbannen suchten. Diese nährten die Überzeugung, Heidesein paßt nicht zum Römersein! Am 24. 2. 391 wurde jede heidnische Kultäußerung verboten und unter Strafe gestellt (Cod. Theod. 16, 10, 10). Das bedeutete keineswegs blutige Verfolgung der Nichtchristen; sie wurde ausdrücklich untersagt (Cod. Theod. 16, 10, 24). Aber der Heide war an den Rand der Gesellschaft gedrängt: Vom Wehrdienst wurde er ausgeschlossen; höhere Beamtenstellen und Richteramt blieben ihm versagt (Cod. Theod. 16, 10, 21). In der Volkserregung kam es auch zu Gewalttätigkeiten gegen Heiden; so wurde im Jahr 415 die alexandrinische Philosophin Hypatia von Christen grausam ermordet (Socrates, Kirchengeschichte 7, 15). Das Opfer- und Kultverbot führte allenthalben zur Zerstörung von Tempeln und Heiligtümern. Der fromme Vandalismus wurde als christliche Heldentat gefeiert, wie es Sulpicius Severus in seinem ›Leben des hl. Martin von Tours‹ besonders anschaulich erzählt.

Das Römische Reich und die christliche Kirche waren durch kaiserliche Gesetze zu einer Einheit zusammengewachsen. Das Reichsvolk war Kirchenvolk und das Kirchenvolk war Reichsvolk. War der „Traum des Origenes“ nun erfüllt: „Was geschähe wohl, wenn alle Römer christlich wären?“ Aber jener Lehrer des 3. Jahrhunderts hatte das Wunschbild rasch verwerfen müssen: „Solche Gemeinschaft ist doch wohl unmöglich unter Menschen, die noch mit dem Erdenleib umkleidet sind“ (Contra Celsum VIII).

Chronologische Zusammenfassung:

64	Neronische Verfolgung in Rom
81–96	Kaiser Domitian
111/2	Briefwechsel Plinius–Trajan
140–200	Frühchristliche Apologeten: Unrecht der Verfolgung; Staatstreue der Christen
249–251	Kaiser Decius
233–260	Kaiser Valerian
257–258	Valerianische Verfolgung
260–268	Kaiser Gallienus; Restitutionsedikt
270–275	Kaiser Aurelian
284–305	Kaiser Diokletian; Tetrarchie
303–305	Diokletianische Verfolgung
311	Toleranzedikt des Galerius
306–337	Kaiser Konstantin der Große
312	Schlacht an der Milvischen Brücke
313	Kaiserabsprache in Mailand (Licinius und Konstantin); Bischofsgericht in Rom gegen die Donatisten
314	Synode in Arles
324	Schlacht bei Chrysopolis; Konstantin Alleinherrscher
325	Konzil von Nizäa
328	Umschwung der kaiserlichen Religionspolitik zugunsten der Antinizäner
330	Einweihung Konstantinopels
335	1. Verbannung des Athanasius von Alexandrien (Synode von Tyros)
337	Tod Konstantins; Grab in der Apostelkirche von Konstantinopel
337–361	Constantius II.
337–340	Constantinus
337–350	Constans
356	Verbannung des Hilarius von Poitiers (Synode von Beziers)
361–363	Kaiser Julian
364–378	Kaiser Valens
371–397	Bischof Martin von Tours

374–397	Bischof Ambrosius von Mailand
379–395	Kaiser Theodosius
380	Reichsgesetz ›Cunctos populos‹
384	Relatio des Symmachus: Streit um den Viktoria-Altar
ca. 400	Historia Augusta
nach 400	Saturnalien des Macrobius

V. DER GLAUBE DER REICHSKIRCHE

> Ich lobe deine Lernbegier und deinen Eifer und freue mich außerordentlich über deine aufmerksame und besonnene Einsicht, aus der heraus du keines der Wörter ungeprüft lassen willst, die notwendig sind beim Sprechen über Gott ...
> Ganz besonders liebe ich an dir, daß du nicht – wie so viele heutzutage – deine Fragen vorbringst, um eine Falle zu stellen, sondern einzig und allein darum, die Wahrheit zu erforschen.
>
> (Basilius, de Spiritu Sancto 1, 1)

Das neue Verhältnis von Imperium Romanum und Christentum führte zu entscheidender Veränderung der christlichen Kirche. Das Reich beanspruchte die Kirche als unerläßliche kultische Basis; aus der feindselig beargwöhnten, verfolgten und mürrisch geduldeten Religionsgemeinschaft war ein konstitutives Element des Römerreiches geworden. Die frühchristliche Großkirche wandelte sich zur Reichskirche. Die römischen Kaiser, energisch auf die Einheit des Reiches bedacht, mußten nicht weniger um die Einheit der Kirche besorgt sein. Damit wurde der Glaube der Kirche zur Sache des Reiches, das Glaubensbekenntnis zum Gesetz des Reiches. Als Kaiser Theodosius I. mit ›Cunctos populos‹ den Christenglauben als alleinige Religion für das Römerreich bestimmte, nahm er eine zentrale Glaubensformel in das Reichsgesetz auf: „Daß wir gemäß apostolischer Weisung und evangelischer Lehre eine Gottheit Vaters, Sohnes und Heiligen Geistes in gleicher Majestät und heiliger Dreifaltigkeit glauben" (Cod. Theod. 16, 1, 2).

1. Der Glaube an den dreifaltigen Gott

Das Bekenntnis von Nizäa

Wenn Theodosius I. den Glauben an den dreifaltigen Gott als apostolische Weisung und evangelische Lehre bezeichnete, so hatte er sicher recht. Die kirchliche Überlieferung hatte diesen Glauben bewahrt und weitergegeben; unter dem Bekenntnis zum dreifaltigen Gott wurde der Christ getauft. Aber die Ausdeutung dieses Glaubens und seine begriffliche Fassung waren keineswegs einhellig und bruchlos durch die kirchliche Tradition gegangen. Die Deuteversuche der vorkonstantinischen Kirche wurden schon kurz erwähnt. Sie waren an einer letztlich unausgereiften Begrifflichkeit stehengeblieben, wenn sie auch die wesentlichen Begriffe der gelehrten Diskussion des 4. Jahrhunderts schon vorweggenommen hatten (Trias, Trinitas, Substanz, Hypostase, Person). Auch vom Auftritt des Arius wurde schon gesprochen. Die Ketzerpolemik verurteilte den alexandrinischen Presbyter als „ruchlosen Teufelsknecht“, als „neuen Judas“, der Christus wieder verraten hat; aber mit seiner Verkündigung war er zum Herausforderer der altkirchlichen Theologie geworden. Die Antwort brachte das Konzil von Nizäa 325, das sich eindeutig gegen Arius entschied. Denn die Konzilsväter waren sich weithin einig in der Ablehnung der Theologie des Arius, der Gott Vater und Gott Sohn auseinandergerissen und den Sohn zum Geschöpf gemacht hatte. Entschieden weniger einig aber waren sie in einer positiven Aussage über die göttliche Einheit und Zweiheit. Da war die eine Richtung, die Vater und Sohn nicht so sehr in eins setzte, sondern deutlich voneinander unterschied, den Sohn dem Vater unterordnete, aber beide doch im Gott-Sein verbunden sah. Die andere Richtung, die vor allem von der Erlösung des Menschen durch den göttlichen Erlöser ausging, sah mehr die Einheit von Vater und Sohn und konnte vielleicht weniger klar die Unterschiedenheit beider bestimmen. Das Konzil fand dann doch zu einer einheitlichen Glaubensaussage: „Wir glauben ... an den einen Herrn Jesus Christus, den Sohn Gottes, den einzigen, gezeugt aus dem Vater, das heißt aus der Substanz des Vaters, Gott von Gott, Licht vom Licht, wahrer Gott vom wahren Gott, gezeugt, nicht geschaffen, wesenseins (homousios) mit dem Vater ..." Stich- und Schlüsselwort dieser Kernsätze des ›Symbolum Nicaenum‹ war das Homousios. Seine genaue Bedeutung wurde in den betonten Bestimmungen ausgesagt: einzig, gezeugt, nicht geschaffen, aus der Substanz des Vaters. Diese Aussagen waren gezielt gegen Arius gerichtet. Das Bekenntnis von Nizäa ist wesentlich „Widerspruch zum Arianismus" (A. M. Ritter).

Das unerwartet in die Diskussion eingebrachte Homousios paßte zu keiner der beiden genannten Richtungen. Besonders der ersten Partei mußte es zuwider sein. Außerdem war es in der theologischen Diskussion des vorangegangenen Jahrhunderts als untragbar abgelehnt worden. Warum wurde der Begriff jetzt aufgenommen? Die Antworten gehen bis heute weit auseinander. Aufnahme der älteren lateinischen Formel von der einen göttlichen Substanz (unius substantiae)? Ausdruck der eigenen kaiserlichen Gottesvorstellung? Mit dem um 325 von keiner theologischen Richtung beanspruchten Begriff konnte eine „neutrale Entscheidung" gefunden werden, die dem Anliegen des Kaisers entgegenkam: die Einheit in Gott zu bekennen. Daß die Annahme des Begriffs in Nizäa nicht bis zum Ende durchdacht und durchbuchstabiert wurde, beweist die Nachgeschichte des Konzils. Denn das Fragen über den Glauben an einen dreifaltigen Gott hatte mit dem feierlichen Konzilsentscheid keineswegs seine gültige Antwort gefunden; der Streit brach jetzt erst richtig auf.

Fünf Jahrzehnte Streit

Die in Nizäa begeistert gefeierte Kirchen- und Glaubenseinheit hielt nicht lange an. Das Unbehagen an der dogmatischen Entscheidung zeigte sich bald allenthalben offen. Zwar blieb die Ablehnung der arianischen Lehre in allen Lagern erhalten. „Wir stehen nicht im Gefolge des Arius" (Synode von Antiochien 341) konnten alle theologischen Richtungen und Parteiungen von sich behaupten. Doch das unklar festgelegte Homousios empfanden alle Seiten als Belastung. Athanasius von Alexandrien, auf dem Konzil als Diakon anwesend und seit 328 Bischof der ägyptischen Metropole, wurde zum kompromißlosen Verteidiger des Glaubens von Nizäa. Aber am Homousios klebte er keineswegs fest. Da konnte er lange Jahre andere Begriffe verwenden: „Der Sohn ist dem Vater gleich in allem"; „der Sohn ist dem Vater gleich entsprechend den Aussagen der Schrift". Erst vom Jahre 352 an wurde der Begriff selber für ihn unantastbar. Aber bis dahin hatten sich zwischen Gegnern und Verteidigern des nizänischen Bekenntnisses weite Gräben aufgetan. Die Arbeit der Theologen und die Lage der Kirche wurden erschwert durch die unlösbare Verbindung mit der kaiserlichen Religionspolitik: „Was ich will, muß als kirchlicher Kanon gelten" (Constantius II. anläßlich der Synode von Mailand 355; aber jeder andere Kaiser konnte das gleiche sagen!). Eindrucksvoll läßt sich die theologische und kirchliche Unsicherheit aus dem Leben des genannten Athanasius ablesen, an dem sich der Glaubensstreit gleichsam personalisiert hatte:

328 Bischof von Alexandrien
335 Von Kaiser Konstantin abgesetzt und nach Trier verbannt
337 Rückkehr nach Alexandrien
339 Von Constantius abgesetzt; Flucht nach Rom
346 Rückkehr nach Alexandrien
356 Erneute Absetzung; Aufenthalt unter den Mönchen der ägyptischen Wüste
361 Rückkehr nach Alexandrien
362 Absetzung durch Julian; Aufenthalt bei den Mönchen
363 Rückkehr nach Alexandrien
365 Fünfte Absetzung und Verbannung durch Kaiser Valens
366 Rückkehr nach Alexandrien (gestorben 373).

In den letzten Jahren Kaiser Konstantins gewannen jene östlichen Theologen Einfluß auf die kaiserliche Religionspolitik, die vom nizänischen Homousios abrückten. In Bischof Eusebius von Nikomedien (gestorben 341/2) hatten sie ihren Wortführer; er vor allem betrieb die Rehabilitierung des Arius. Constantius ging nach 337 auf diesem Wege weiter; sein Bekenntnis schloß das nizänische Homousios bestimmt und entschieden aus. Seine lange Regierungszeit war der große Gewinn der antinizänischen Theologie, was sich von 350/353 an im ganzen Reich auswirkte. Ständig auf die kirchliche Einheit bedacht, berief er zahlreiche Synoden ein, die Einigungsformeln vorlegen sollten, um das Bekenntnis von Nizäa zu ersetzen. Eine solche Unionsformel wurde im Jahre 341 anläßlich der Einweihung einer von Constantius erbauten Kirche in Antiochien verkündet; sie vermied jede Erinnerung an die nizänische Formel. Unter dem Druck des Kaisers Constans kam es danach im Herbst 342 oder 343 zum Konzil von Serdika (Sardica = Sofia), das die kirchliche Einheit wiederherstellen sollte. Aber die Entfremdung zwischen Ost und West, zwischen Nizänern und Antinizänern, war zu groß. Der Unionsversuch endete im Fiasko; die östlichen und westlichen Bischöfe exkommunizierten sich gegenseitig. Da man im Osten das Homousios weithin ausgeklammert hatte, konnte mit neuen Begriffen operiert werden, die im antinizänischen Lager zu neuen Parteiungen führten. Die radikalste wurde von Aetius (seit 356 Diakon in Antiochien) angeführt. Nach ihm ist der Sohn dem Vater weder wesensgleich noch wesensähnlich, ja, überhaupt nicht ähnlich. Das umstrittene Homousios war weit entfernt. Ein Anhomoios war an seine Stelle getreten: Gott Sohn ist Gott Vater unähnlich. Zu dieser Partei – den Anhomöern – gehörte auch Eunomius, späterer Bischof von Kyzikos (gestorben 392/95), in dem die orthodoxen Theologen den Arianismus am schärfsten bekämpften. Weniger entschieden verhielt sich eine mittlere Partei: die Homöer, nach denen zwischen Gott Vater und Gott Sohn Ähnlichkeit besteht. Eine dritte Gruppierung um Bischof Marcellus von Ankyra (gestorben um 374) kam dem Nizänum ganz nahe: der Sohn ist dem Vater dem Wesen nach ähnlich (Homöusianer). Diese Aufspaltung bedeutete eine Schwächung jener Front, die das Nizänum ablehnte. Aber sie brachte noch mehr Verwirrung und Unfrieden in die Gemeinden. Da mag es oft auch um handfeste Parteiinteressen, um Besetzung von Bischofsstühlen gegangen sein; aber bei allem darf das theologische Anliegen nicht vergessen werden: es ging um Gottes Sein und Wesen und um die Erlösung des Menschen durch den göttlichen Erlöser. Das macht die leidenschaftliche Anteilnahme an den Kämpfen verständlich, das überzeugende „Leiden an der Kirche", wie es besorgte Theologen immer wieder zum Ausdruck brachten:

„Die gegenwärtige Lage der Kirche gleicht einer erbitterten Seeschlacht, die in Wirbelsturm und hochgehenden Wogen gekämpft werden muß, so daß die einzelnen Schiffe der von Unwetter, Meer und Feinden bedrängten Flotte, soweit sie noch im Verband geblieben sind, sich gegenseitig gefährden. Mehr noch, auf dem Schiff selbst bedroht Meuterei das Leben der Treugebliebenen. Im Heulen des Sturmes, im Krachen der zusammengestoßenen Schiffe ... ist keines Kapitäns oder Steuermanns Stimme mehr vernehmbar ... Unordnung, Verwirrung, Übermaß an Leiden ..." (Basilius von Caesarea, de Spiritu Sancto 30).

Die erregte Diskussion erfaßte auch den Mann auf der Straße, wie Gregor von Nyssa anschaulich schildert: „Wenn du fragst, wieviel Obolen es kostet, dogmatisiert dir der Verkäufer etwas vor über Gezeugt- und Ungezeugtsein. Wenn du nach dem Preis des Brotes fragst, antwortet man dir, der Vater ist größer als der Sohn und der Sohn dem Vater untergeordnet. Wenn du fragst, ob das Bad schon hergerichtet ist, antwortet man dir, der Sohn ist aus dem Nichts geschaffen" (De Deitate filii et Spiritus Sancti).

Trotz aller theologischer Anstrengungen und politischen Drucks konnte eine Einigung nicht erreicht werden. Auch die sogenannten Unionsformeln der Synoden von Sirmium (351–359, vier das Homousios meidende Vorschläge) waren unannehmbar. Im Jahre 359 zwang Kaiser Constantius die in Rimini versammelten westlichen Bischöfe, einem antinizänischen Bekenntnis zuzustimmen. Das war eine Kapitulation vor der kaiserlichen Religionspolitik. Befriedung der Kirche konnte sie jedoch nicht bedeuten. Hieronymus hat in jener bedrängten Zeit das Wort formuliert: „Der Erdkreis stöhnte und wunderte sich, daß er arianisch geworden war" (Adv. Lucif. 29).

Die letzte Phase, die der Beruhigung und Abklärung, setzte mit dem Tode des Constantius ein. Damit verloren die Antinizäner ihre politische Stütze, die sie zwar im Osten noch einmal an Kaiser Valens (364–378) fanden. Aber inzwischen war eine neue Generation von Theologen herangewachsen. Die peinlichen persönlichen Streitereien der vorangegangenen Epoche belasteten sie weniger. Am Konzil von Nizäa hatten sie nicht mehr teilgenommen; sie standen seinen Entscheidungen unbefangener gegenüber. Man nennt sie die Jungnizäner; führend unter ihnen waren die drei Kappadokier Basilius von Caesarea (ca. 330 bis 379), Gregor von Nazianz (329/30–ca. 390) und Gregor von Nyssa (ca. 335–394). Sie griffen energisch in die theologische Diskussion ein und versuchten, mit neuer, klarer Begrifflichkeit aus dem Streit herauszuführen. Allerdings war inzwischen die theologische Frage erweitert worden. Auch die Frage nach Gottsein und Eigensein des Heiligen Geistes war inzwischen zum Streitfall geworden. Das Nizänum hatte sich noch mit dem einfachen Bekennen begnügen können: „Wir glauben auch an den Heiligen Geist.“ Je mehr in der nachnizänischen Zeit das Verhältnis von Gott Vater und Gott Sohn befragt wurde, desto mehr drängte sich auch die Notwendigkeit einer entsprechenden Aussage über Gottes Geist auf. Athanasius und Basilius gelten als die Schöpfer einer Theologie des Heiligen Geistes. Der Alexandriner war von ägyptischen Mönchskreisen um pneumatologische Belehrung gebeten worden. In seiner Antwort (Briefe an Bischof Serapion von Thmuis) bekannte er sich zur Gottheit und Homousie des Geistes. Aber diese klare Festlegung rief wiederum eine Reaktion auf den Plan; sie wurde getragen von den sogenannten „Pneumatomachen“. Dieser polemische Name – nach Macedonius von Konstantinopel heißen sie auch Macedonianer – darf nicht mißverstanden werden. Die so Gebrandmarkten leugneten nicht etwa die Existenz und das Wirken des Gottesgeistes; sie waren nur nicht an „Wesen“ und „Person“ des Geistes interessiert. In ihrem engen Biblizismus sahen sie keine Möglichkeit, den neuen Aussagen zu folgen, wie sie von Athanasius kamen, und lehnten deshalb die Homousie für den

Heiligen Geist ab. Die Kappadokier nahmen die Anregung des Athanasius und die pneumatomachische Herausforderung auf. Ihnen gelang dann eine einheitliche, begrifflich faßbare Neuaussage über den dreifaltigen Gott: daß wir glauben an das eine göttliche Wesen (usia) in drei Hypostasen. Hypostase ist dabei die konkrete Verwirklichung, die Einzelwesenheit, dem im Lateinischen persona entspricht. Mit dieser Formel wurde theologisch der lange Streit um das Nizänum abgeschlossen. Das Bekenntnis von 325 hatte dadurch seine notwendige begriffliche Klärung – Einheit und Verschiedenheit in Gott konnten so ausgesagt werden – und seine angemessene pneumatologische Erweiterung gefunden. Mit dieser Aussage und ihrer Annahme konnte auch politisch dem Streit ein Ende gesetzt werden. Das sollte auf dem Konzil von Konstantinopel 381 erfolgen.

Das Konzil von Konstantinopel 381

Mit seinem Religionsgesetz vom 28. 2. 380 hatte Kaiser Theodosius dem ganzen Reich das nizänische Glaubensbekenntnis zudiktiert. Die theologischen Fragen an dieses Bekenntnis waren durch jenes Gesetz jedoch nicht beseitigt worden. Um eine klare Entscheidung herbeizuführen, berief der Kaiser für Mai 381 eine Bischofsversammlung nach Konstantinopel ein. Die Lösung war weithin vorgezeichnet: es war eine Synode, auf der die jungnizänische Partei die Mehrheit hatte; die „Opposition“ war mit den Vertretern aus dem Kreis der Pneumatomachen gegeben. Die Väter wußten sich in unmittelbarem Zusammenhang mit dem Konzil von Nizäa. Basilius von Caesarea hatte schon 377 geschrieben: „Dem Glaubensbekenntnis von Nizäa können wir nichts hinzufügen, auch nicht das kleinste Wort, ausgenommen die Doxologie auf den Heiligen Geist, denn unsere Väter haben diesen Aspekt des Glaubens gerade nur gestreift“ (ep. 258, 2). In der Tat wurde die Aussage über die Homousie des Sohnes in Konstantinopel wiederholt. Die präzisierende Bestimmung von der „einen göttlichen Wesenheit in drei Hypostasen“ wurde in ein Lehrschreiben aus Konstantinopel im Jahre 382 aufgenommen. Neu gefaßt wurde das Bekenntnis zum Heiligen Geist. Das alte, nizänische Glaubensbekenntnis wurde also pneumatologisch erweitert: „Wir glauben an den Heiligen Geist, der Herr ist und lebendig macht, der vom Vater ausgeht, der mit dem Vater und dem Sohn zugleich angebetet und zugleich gepriesen wird, der durch die Propheten geredet hat." Aus dieser Ergänzung ergab sich das neuformulierte Glaubensbekenntnis, das ›Symbolum nicaeno-constantinopolitanum‹; es hat als das von den „150 Vätern" von Konstantinopel bestätigte und pneumatologisch erweiterte „Symbol der 318 Väter (von Nizäa)" zu gelten (A. M. Ritter). Die lange Kontroverse um den Glauben an den dreifaltigen Gott hatte mit dieser Entscheidung ihr Ende gefunden, eine Entscheidung übrigens, die alle christlichen Kirchen bis heute eint, nachdem sie vom Konzil von Chalcedon im Jahre 451 für die gesamte Kirche angenommen und die Teilsynode des Jahres 381 in den Rang eines ökumenischen Konzils erhoben worden war. Wie ein Blitz sei das Wort Gottes aufgestrahlt, meinte Gregor von Nazianz rückblickend auf die Zeit unmittelbar vor dem Konzil von 381. Als unmittelbar Beteiligter sah er in den neuen theologischen Erkenntnissen die göttliche Offenbarung erfaßt und ergründet: „Das Alte Testament hat den Vater deutlich verkündet, den Sohn dagegen auf eine schwer zu erkennende Weise. Das Neue hat den Sohn offenbart und die Gottheit des Heiligen Geistes versteckt angedeutet. Jetzt wohnt der Geist unter uns und offenbart sich deutlicher. Als die Gottheit des Vaters noch nicht anerkannt war, wäre es nicht klug gewesen, offen die des Sohnes zu verkünden. Und als die Gottheit des Sohnes noch nicht angenommen war, konnte man nicht – ich spreche allzu kühn – den Menschen noch den Heiligen Geist dazu aufbürden, damit sie nicht mit Speisen über alles Maß beschwert oder, den geschwächten Blick auf das Sonnenlicht gerichtet, maßlos gefährdet würden. Durch teilweise Zusätze, durch Aufstiege, wie David sagt (vgl. Ps 8, 3. 6), und durch Vordringen und Fortschreiten von Klarheit zu Klarheit sollte das Licht der Dreifaltigkeit den schon mehr Erleuchteten aufstrahlen" (Gregor von Nazianz, oratio theol. 5, 26, wohl Sommer/Herbst 380 in Konstantinopel gehalten). Stolz auf die gewachsene Gotteserkenntnis und auf das eigene denkerische Bemühen spricht aus diesen Worten. Die Leidenschaftlichkeit, von der diese Anstrengung getragen war, darf nicht außer acht gelassen werden: „O meine Dreifaltigkeit, um dich allein sorge ich mich! Welche Zunge wirst du finden, die sich klug für dich einsetzt, oder doch wenigstens freimütig und voll Eifer?“ (Ders., de vita sua 1852–1854, beim Abschied vom Konzil von Konstantinopel). Überhaupt darf der persönliche Einsatz jener Theologen für ihre Einsicht und Erkenntnis nicht übersehen werden. Die meisten der hier genannten Theologen, die sich häufig gegen die Mehrheit und gegen die offizielle Religionspolitik durchsetzen mußten, waren zum „Martyrium ohne Blutvergießen“ bereit. Und das ganze theologische Suchen und Fragen war nie losgelöst von der Sorge um das Heil des Menschen, stand im Dienst der Kirche und war von echter Frömmigkeit erfüllt. Gregor von Nyssa, der jüngere Bruder des Basilius, war nicht nur ein großer Trinitätstheologe; er war auch ein Mystiker. Auf diesem Weg zu Gott erfuhr er die Unzulänglichkeit und Hilflosigkeit der gescheiten Formeln und Begriffe: „Wie will ich dich nennen, Gott, da doch dein Name über allen Namen ist und jedem geistigen Wesen unsagbar und unfaßbar. So will ich dich nennen, den Kenn-Namen will ich dir geben: Du meiner Seele Neigung zu Dir“ (In cant. cant. 43).

2. Der Glaube an den Gottmenschen Jesus Christus

Die Theologie des 4. Jahrhunderts war vor allem mit der Begründung und Erklärung des Glaubens an den Dreifaltigen Gott befaßt. Aber unlösbar damit verbunden war die nicht weniger zentrale Frage nach dem Verhältnis von Gott und Mensch in Christus. Selbstverständlich gehörte der Glaube an das fleischgewordene Wort Gottes immer zu Lehre und Verkündigung der Kirche. Doch dieser Glaube war immer wieder angefochten und angefragt, erforderte seine Begründung und Erklärung. Arius kann auch hier als der Herausforderer am

Anfang des 4. Jahrhunderts genannt werden. Hatte er schon dem präexistenten Logos das Gottsein abgesprochen, so konnte in seiner Theologie Gottheit und Menschheit auch nicht im menschgewordenen Gottessohn zur Einheit gebracht werden. Doch daran gerade mußte eine kirchliche Theologie unbedingt festhalten. Die Klärung der christologischen Frage – eben die Einheit von Gott und Mensch in Christus – war deshalb unausweichlich.

Die Schulen von Alexandrien und Antiochien

Im theologischen Streit jenes Jahrhunderts hatten sich die beiden altkirchlichen Theologenschulen – Alexandrien und Antiochien – profilieren können. Das wirkte sich besonders im christologischen Streit aus. Die Erklärungsversuche bedienten sich antiker anthropologischer Schemata. Wenn die antiochenische Schule von dem Grundsatz ausging: „Zwei vollkommene Wesen können nicht eins werden", so mußte das in der Anwendung auf die Christologie zur sogenannten „Trennungschristologie" führen. Gott und Mensch können in dieser Vorstellung nicht zur vollkommenen Einheit in Christus kommen. Statt einer „Fleischwerdung" des göttlichen Logos sprach man in diesem Lager lieber von einer „Einwohnung" des Logos im Menschen: der Logos wohne im Menschen Jesus wie in einem Tempel. Die Einheit von Gott und Mensch wurde als „willentliche, haltungsmäßige" (henosis schetike) gedeutet und dafür wurden die Begriffe der „Verknüpfung" und „Einung" gewählt.

Die alexandrinische Christologie – sie wird als „Einheitschristologie" bezeichnet – ging im Gefolge des Athanasius von dem Grundsatz der „einen, fleischgewordenen Natur des Logos" aus. Diese Vorstellung war durchaus verbunden mit der Zweiheit von Gott und Mensch (den beiden Naturen). Ihre Vereinigung sahen die Alexandriner jedoch in einer physischen, naturhaften Einigung (henosis physike). Danach durchdringt die göttliche Natur die menschliche wie das Feuer die Kohle oder ein brennendes Stück Holz. Konnte die alexandrinische Theologie so die Einheit von Gott und Mensch aufzeigen, so trug sie gleichzeitig die Gefahr in sich, die menschliche Natur Christi zu verkürzen und letztlich doch nur von einer Natur, eben der göttlichen, zu reden.

Im 4. Jahrhundert war der Gegensatz im Schatten der anderen Auseinandersetzungen geblieben; es gab da den ernsten Versuch des Apollinaris, der um 360 Bischof von Laodicea geworden war. Er lehrte, daß in Christus weder menschlicher Wille noch menschliche Vernunft gewesen sei; vielmehr seien diese Prinzipien menschlichen Handelns und Denkens durch die göttliche Person ersetzt worden. Diese Lehre wurde allgemein zurückgewiesen; auch das Konzil von Konstantinopel hatte sie abgelehnt (Kanon 1: Verurteilung der Apollinaristen). Die eigentliche Auseinandersetzung brach jedoch erst im 5. Jahrhundert auf.

Nestorius und das Konzil von Ephesus

Im Jahre 428 wurde Nestorius Bischof von Konstantinopel. Er kam aus der Theologenschule von Antiochien und vertrat damit die „Trennungschristologie". Sie wirkte sich nun an einem Punkt aus, der die Frömmigkeit der Zeit besonders traf. Entsprechend seiner Christologie lehnte er den damals verbreiteten und geschätzten Titel „Gottesgebärerin" für die Jungfrau Maria ab. Für den Antiochener kann der Mensch Maria nicht Gott geboren haben. Sie hat Christus geboren und darf deshalb nur „Christusgebärerin" genannt werden (Christotokos statt Theotokos). Das verletzte fromme Kreise in der Reichshauptstadt, die ihren Einfluß auch am kaiserlichen Hofe hatten (Theodosius II. 408–450). Aber diese Theologie rief vor allem den Widerstand des alexandrinischen Bischofs Cyrillus (412–444) auf den Plan. Dem „christlichen Pharao" auf dem alexandrinischen Bischofsstuhl mußte der antiochenische Amtsbruder in der Reichshauptstadt ohnehin ein Dorn im Auge sein. Nach einigen mißlungenen Einigungsversuchen, in denen Alexandrien geschickt Rom (Coelestin I., 422–432) in seinem Sinne beeinflußt hatte, kam es wieder zur Einberufung eines ökumenischen Konzils; in Ephesus sollten sich im Sommer 431 die Bischöfe versammeln.

Als Hauptakteur fühlte sich Cyrill von Alexandrien. Er kam mit seinem großen Anhang zuerst am Konzilsort an, wartete die Ankunft der anderen nicht ab und eröffnete sofort eigenmächtig das Konzil, das in der Marienkirche – „Theotokos" – stattfand. Am 22. Juni 431 verurteilte er Nestorius: „Unser Herr Jesus Christus verfügt durch die hier gegenwärtige Synode, daß Nestorius, der ihn gelästert hat, von der Bischofswürde und jeder priesterlichen Zusammenkunft ausgeschlossen wird." 197 Bischöfe unterschrieben dieses Urteil, und so wurde es Nestorius, der sich bereits auch in Ephesus aufhielt, brieflich zugestellt.

Die Verurteilung basierte auf jenen theologischen Aussagen Cyrills und auch Roms, die schon vor 431 die Lehre des Nestorius zurückgewiesen hatten. Nestorius wehrte sich energisch; er protestierte beim Kaiser gegen diese „barbarische Versammlung". Die Lage verschlimmerte sich, als schließlich am 26. Juni Johannes von Antiochien mit den orientalischen Bischöfen in Ephesus eintraf. Nun veranlaßte auch Johannes eine eigene konziliare Sitzung, die das Urteil vom 22. Juni zurückwies und Cyrill exkommunizierte. Dieses Urteil unterschrieben etwa 50 Bischöfe. In dieser peinlichen Situation griff der Kaiser ein und annullierte alles bisher in Ephesus Geschehene. Als dann Anfang Juli auch die römischen Legaten in Ephesus ankamen, sah sich die alexandrinische Mehrheit gestärkt. In neuen Versammlungen wurde von ihr die Verurteilung des Nestorius wiederholt. Zu einer Einigung fanden die beiden Parteien nicht, und auch der Kaiser konnte keinen Ausgleich schaffen. Im September 431 löste er das Konzil auf. Nestorius blieb verurteilt, wurde verbannt und starb 451 als Verbannter in der Großen Oase in der Libyschen Wüste. Er, von dem sich schließlich auch die Antiochener trennten, sah die unerquicklichen Vorgänge von Ephesus durchaus richtig: „Cyrill selbst war das ganze Gericht, denn was er auch sagte, sagten ihm alle nach. Ohne Zweifel vertrat er durch seine Person das Gericht ... Cyrill berief die Verhandlung ein, Cyrill führte den Vorsitz. Wer war der Richter? Cyrill! Wer war der Ankläger? Cyrill! Wer war Bischof von Rom? Cyrill! Cyrill war eben alles!"

Das dogmatische Ergebnis von 431 kam über die im Vorfeld des Konzils abgegebenen Erklärungen nicht hinaus. Immerhin stimmten die Antiochener dem Theotokos-Titel zu, und zwei Jahre später kam es schließlich in Antiochien zu einer Union von Antiochenern und Alexandrinern, die sich jetzt auf die Einheit der zwei Naturen in Christus festlegen konnten.

Eutyches und das Konzil von Chalcedon

Gegen diesen Stand der theologischen Diskussion regte sich jedoch unter extremen Alexandrinern Widerstand. Sie sahen ihr altes Anliegen von der „einen Natur des fleischgewordenen Logos" verraten und übersteigerten die alte Formulierung von der „einen göttlichen Natur" (Monophysitismus). Anlaß zum neuen Ausbruch des Streites gab Eutyches, ein Archimandrit in Konstantinopel. Dessen eindeutiger Monophysitismus wurde von Flavian, dem Bischof von Konstantinopel, 448 verurteilt. Der Verurteilte suchte Hilfe: in Rom bei Papst Leo I. und in Alexandrien, wo inzwischen Dioskur (444–451) Bischof geworden war. In Alexandrien fand Eutyches die gewünschte Unterstützung; dort sah man sich in der Verurteilung selbst getroffen, und Dioskur nahm gerne die Gelegenheit wahr, in den Streit der Kirche der Reichshauptstadt einzugreifen. Der römische Bischof nahm Verbindung mit Flavian auf; Leo band sich nicht einseitig an Alexandrien. Er suchte früh das Gesetz des Handelns in die eigenen Hände zu bekommen. An Flavian schrieb er eine ausführliche Darlegung seiner christologischen Lehre (Epistula dogmatica ad Flavianum), wobei er geschickt und der damaligen Diskussion angemessen die traditionelle lateinische Zweinaturenlehre vortrug. Trotz der kirchlichen Verurteilung konnte sich Eutyches in Konstantinopel behaupten; am Hofe und im Kaiser selbst fand er Unterstützung: „Da er nicht Bischof war, übernahm er mit Hilfe der kaiserlichen Macht eine andere Rolle, nämlich die eines Bischofs der Bischöfe" (Nestorius, liber Heraclidis). Die kaiserliche Macht suchte nun wieder Ordnung zu schaffen; Ordnung im Sinne des Eutyches und des Dioskur! Für den 1. August 449 berief der Kaiser ein neues

Konzil ein, wiederum nach Ephesus, und Dioskur wurde mit dem Vorsitz der Reichssynode beauftragt. Sie trat am 8. August 449 zusammen, wieder in der ephesinischen Marienkirche Theotokos. Dann ging die Arbeit rasch und höchst unerquicklich über die Bühne: Eutyches wurde rehabilitiert, Flavian und bekannte antiochenische Theologen verurteilt, und die römischen Legaten, die Leos dogmatische Epistel vorlesen wollten, wurden niedergeschrien. Traurig meinte Papst Leo später von dieser Verurteilung: „Gefangene Hände gaben sich für gottlose Unterschriften her"; im gleichen Schreiben nannte er jene Versammlung eine „Räubersynode" (ep. 44). Dioskur freilich fühlte sich als Sieger, und mit ihm die monophysitische Lehre. Trotz aller Proteste aus Ost und West war die verworrene Lage erst zu ändern, als Kaiser Theodosius II. im Jahre 450 starb. An seine Stelle traten seine energische Schwester Pulcheria und Kaiser Marcian (450–457). Mit Pulcheria hatte Papst Leo schon 449 Verbindung aufgenommen. Wenn der Papst zunächst auch einem neuen Konzil aus dem Wege gehen wollte, so konnte er unter den neuen politischen Verhältnissen doch mit einem anderen Ergebnis als 449 rechnen. Das Kaiserehepaar blieb in seiner Sorge um die Kircheneinheit entschieden bei der traditionellen Lösung und bestand auf einem neuen Konzil. Vom 8. bis 25. Oktober 451 tagte es in Chalcedon. Mit etwa 600 Teilnehmern war es die größte Bischofsversammlung der Alten Kirche und gilt als eine der glanzvollsten Versammlungen. Seine Hauptaufgabe war die Lösung der christologischen Frage. Rasch wurde die Peinlichkeit von 449 aus dem Wege geräumt. Alles, was in Ephesus beschlossen worden war, wurde aufgehoben, als null und nichtig erklärt. Eutyches wurde wieder verurteilt, aber auch Dioskur mit seinen Anhängern. Die große Niederlage Alexandriens zeichnete sich ab.

Der theologischen Aufgabe wich man keineswegs aus, und das Diktat einer einzigen Schulmeinung wurde von vorneherein abgewehrt. Roms Schande von 449 wurde weggenommen: Leos dogmatische Epistel wurde von den Konzilsvätern mit Beifall aufgenommen: „Das ist der Glaube der Väter. Das ist der

Glaube der Apostel. Petrus hat durch Leo gesprochen." Die dogmatische Entscheidung wurde wieder in die Form eines Glaubensbekenntnisses gesteckt, das die Väter von Chalkedon in voller Übereinstimmung mit dem Glauben von Nizäa, Konstantinopel und Ephesus (431) sahen. Doch die Formulierung des christologischen Bekenntnisses mußte nun im Blick auf die vorausgegangenen Streitigkeiten geklärt und abgesichert werden. Hier mußten anstehende Fragen beantwortet werden. Das geschah, indem die Väter die jüngsten christologischen Aussagen geschickt zusammenfaßten und in das bekannte Bekenntnis einbrachten: „Wir folgen also den heiligen Vätern und lehren alle einstimmig, daß unser Herr Jesus Christus der Eine und Derselbe ist, vollkommen der Gottheit nach und vollkommen der Menschheit nach, wahrer Gott und wahrer Mensch . . ., wir bekennen einen und denselben Christus, den Sohn und Herrn, der in zwei Naturen unvermischt und unverwandelt, ungetrennt und ungeteilt besteht; niemals wird der Unterschied der Naturen durch die Vereinigung aufgehoben, vielmehr wird die Eigentümlichkeit einer jeden Natur bewahrt, indem beide in einer Natur und Hypostase zusammenkommen . . ."

Das Konzil bekannte sich feierlich zur „Zweinaturenlehre". Mit den ausgrenzenden, privativen Bestimmungen wurden die extremen Deutungen der Alexandriner und der Antiochener abgelehnt.

Die positive Aussage – die Einheit in zwei Naturen – darf als Synthese der beiden Christologien, der Einheits- und Trennungschristologie angesehen werden. In der Überzeugung, damit das Menschenmögliche gesagt und getan zu haben, bestimmten die Konzilsväter: „Niemand darf hinfort einen anderen Glauben vortragen oder niederschreiben, verfassen, zusammenstellen oder andere lehren."

In einer langen Folge von 28 Kanones hat das Konzil neben seiner dogmatischen Klarstellung auch kirchliche Ordnung sanktioniert und festgelegt. Darunter steht der Kanon 28 über die bevorzugte kirchliche Stellung Konstantinopels, der von Leo I. nicht anerkannt wurde. Dies war ein bitterer Wermutstropfen mitten im Erfolg, den der Papst mit Chalcedon für sich verbuchen konnte. Aber nicht nur in der kirchenpolitischen Ordnung zeigte sich ein Riß. Die so sehr gefeierte dogmatische Entscheidung bedeutete für den Osten wiederum endgültige Scheidung. Der in Ephesus begonnene Auszug antiochenischer Theologen wurde festgeschrieben: eine nestorianische Kirche entstand. Die Verurteilung des Dioskur führte zur Abspaltung der ägyptischen Kirche: eine monophysitische Kirche entstand dort. Die Einigung von Chalcedon führte so auf der anderen Seite zur Ausbildung unterschiedlicher Konfessionen in Landes- und Nationalkirchen. Für dieses nichtchalcedonische Christentum ist und bleibt Chalcedon der große Sündenfall: „Verfluchen mögen das Konzil von Chalcedon die heilige Jungfrau Maria, der Vater, Sohn und Heilige Geist. Himmel und Erde und alle Menschen sollen das 4. Konzil verfluchen. Und bis in Ewigkeit ruhe der Fluch auf dem Konzil, solange Himmel und Erde bestehen, und auf jedem, der an seinen Glauben glaubt. Aber allen, die ihm folgen, sei vergeben, sobald sie bereuen" (Jakob Baradäus). Jene Verpflichtung auf die Unantastbarkeit des Dogmas von Chalcedon wurde keineswegs überall angenommen. Die lateinische Kirche hatte damit die wenigsten Schwierigkeiten. Aber selbst jene Kirche des Ostens, die einstimmig sich zu Chalcedon bekannte, sah sich bald in neuen Streit um dieses Bekenntnis hineingezogen, der die byzantinische Kirche für die nächsten zwei Jahrhunderte aufdringlich beschäftigen sollte.

3. Der Glaube an die Macht der Gnade

Das Heil des Menschen stand im Mittelpunkt des theologischen Fragens und Streitens. Alles, was über Wesen und Handeln Gottes gesagt wurde, war davon ausgegangen und wollte darauf Antwort geben. Die Last der Arbeit hatten vor allem die griechischen Theologen getragen; die Lateiner nahmen den Ertrag ihrer Arbeit auf und brachten sie in die eigene Überlieferung ein. In einem letzten großen Fragebereich sollte die lateinische Theologie Wortführerin werden, genaugenommen der letzte große Lehrer der altkirchlichen Theologie des Westens: Augustinus, der Bischof von Hippo in Nordafrika (354–430; seit 396 Bischof). Es ging auch da um das Heil des Menschen! Wie kommt die gottgeschenkte Erlösung im Menschen zu ihrem Ziel? Wie schafft Gottes Gnade den neuen, den erlösten Menschen? Was kann der Mensch in Sachen seines Heiles selbst tun? Ist er nur passiver Empfänger einer frei geschenkten Gnade Gottes, oder kann er selbst aktiv an seiner Heilung und Erlösung mitwirken? Die Alte Kirche kannte solches Fragen schon immer. Der reine Geschenkcharakter der Erlösung war ihrem Glauben selbstverständlich. Aber ebenso unbekümmert lehrte man die aktive Mitwirkung des Menschen: um zu ihrem Ziel zu kommen, braucht die Gnade die Zustimmung des menschlichen Willens wie der Griffel die schreibende Hand (Cyrill von Jerusalem). Die Anerkennung der menschlichen Freiheit, die man auch durch den Sündenfall nicht verlorengegangen sah, führte zu dieser Überzeugung. Gott will der menschlichen Entscheidung nicht vorgreifen und erwartet das menschliche Mitwirken!

Augustinus und Pelagius

Daß es im 5. Jahrhundert zum Streit um die Gnade kam, hatte seine eigenen Gründe. Man muß dabei von der Lebensgeschichte und der geistlichen Erfahrung Augustins ausgehen. Innerhalb weniger Jahre war er nach seiner Bekehrung von der vertrauten, optimistischen Auffassung über die Leistungsfähigkeit des menschlichen Willens (z. B. ›De libero arbitrio‹ vom Jahre 388) zu zurückhaltenderer, vorsichtigerer Aussage gekommen. Die ›Confessiones‹ (begonnen 397) sind deutliches Zeugnis dieser Wandlung: „Gib mir, Herr, was du befiehlst; dann magst du befehlen, was du willst“ (Conf. X 29). Gottes Gnade muß dem Menschen zuvorkommen, dann nur kann der Mensch unter Einfluß und Wirkung der Gnade gottgefällig leben. Ein anderes Zeugnis dieser Wandlung sind die ›De diversis quaestionibus ad Simplicianum‹ (396 geschrieben als Antwort auf Anfragen des

Mailänder Priesters Simplicianus). Auf diesen Seiten – sie haben weltgeschichtliche Bedeutung (R. Lorenz) – zeigt Augustin seine Neuentdeckung des Paulus. Mit dem Apostel Paulus (vor allem Röm 9) lehrt der nordafrikanische Bischof jetzt den unbedingten Vorrang der göttlichen Gnade. Sie allein schenkt das Wollen zum Glauben, sie allein auch das Wollen zum guten Werk. Sie verleiht auch das Beharren im Glauben und im guten Werk. Gott ist es, der macht, daß wir glauben und Gutes tun wollen (ep. 194, 4, 16: ut faciamus, facit). Alles, was wir zum Heile tun, ist dann gnädiges Geschenk Gottes. „Wenn Gott unsere Verdienste krönt, dann krönt er nur seine Gaben" (ep. 194, 5, 19). Die Übermacht der Gnade war für Augustinus gegen Ende des 4. Jahrhunderts zur absoluten Sicherheit geworden. Aber er blieb nicht unangefochten.

Seit 384 wirkte in Rom ein gelehrter, angesehener britischer Asket namens Pelagius (gestorben um 422). Mit seinem Zutrauen in die menschliche Leistungsfähigkeit, seinem Vertrauen auf den Menschen – die gottgeschenkte Menschennatur ist die große Gnade! – fand er in den besten Kreisen Roms Zustimmung und Beifall. Die Eroberung Roms durch Alarich im Jahre 410 führte ihn als Flüchtling nach Nordafrika. Ohne Augustinus persönlich zu begegnen, fuhr er bald weiter nach Palästina. In Nordafrika blieb einer seiner Anhänger, Caelestius, zurück. Dieser verschärfte und vergröberte die Lehre seines Meisters. Dadurch sah sich Augustinus provoziert, und bereits im Jahre 411 wurde Caelestius in Karthago verurteilt. Nicht zu Unrecht hatte er in der Verhandlung erklärt, die anstehenden Fragen – Wirkung der Gnade, Sterblichkeit/Unsterblichkeit Adams, Wesen und Folge der Erbsünde, Notwendigkeit der Kindertaufe – seien noch Diskussionsgegenstand (quaestio!), nicht schon Irrlehre (haeresis!). Damit war der eigentliche Streit um die Gnade offen ausgebrochen, und Augustinus wurde in den folgenden Jahren zum Anwalt der Gnade. Mit allen Mitteln betrieb er die Verurteilung des Pelagius und seiner Anhänger, und mit entschiedener Konsequenz führte er seine Gnadenlehre weiter, die sich in seinen antipelagianischen Schriften (411–430) niederschlug. Nach seiner Verurteilung war auch Caelestius in den Osten weitergezogen. Dort sah man keinen Anlaß, gegen die beiden Flüchtlinge vorzugehen. Doch durch Augustins Anstrengung kam es im Jahre 415 zu einer bischöflichen Synode in Diospolis. Die Bischöfe fanden allerdings zu einer ganz anderen Entscheidung als ihre nordafrikanischen Kollegen: sie sahen die pelagianische Lehre durchaus in Übereinstimmung mit ihrer Tradition. Die Enttäuschung und Erbitterung Augustins war groß. Neue Synoden in Nordafrika – besonders Karthago 418 – verurteilten wiederum Pelagius. Schließlich bemühte sich Augustinus um die Hilfe Roms. Innozenz I. (402–417) stimmte halbherzig der nordafrikanischen Verurteilung zu. Augustinus konnte mit dieser Entscheidung auch nur halb zufrieden sein. Im Orient blieben Pelagius und seine Lehre offiziell unbehelligt; der Papst hatte sich zum Urteil von Diospolis nicht geäußert und Pelagius auch nicht vor ein römisches Gericht zitiert. Die Lage wurde noch verworrener, als Zosimus (417–418) Bischof von Rom wurde und die Verurteilung des Pelagius und Caelestius zurücknahm: wie Männer so echten Glaubens nur so beschuldigt werden konnten! (ep. Postquam 1). Das war ein Vorwurf an die Nordafrikaner. Der Papst wurde noch deutlicher: „Die Fangfragen und törichten Debatten erfließen aus jener ansteckenden Neugier, wenn alle und jeder die Geisteskräfte und die ungezügelte Neugier oder gar die Heilige Schrift mißbraucht" (ep. Magnum pondus 4). Die Rehabilitierung des Pelagius durch Rom aktivierte Augustins Widerstand aufs äußerste. Als letztes Aufgebot rief er nach der politischen Unterstützung. Der Hof von Ravenna wurde mobilisiert und staatliches Eingreifen durchgesetzt. Die Pelagianer, die in Rom durch Ausschreitungen und provozierende Aktionen für Aufregung gesorgt hatten, boten jetzt selbst Anlaß zu solchem Eingreifen. Kaiser Honorius (395–425) wandte die üblichen Häretikergesetze gegen die Pelagianer an. Unter politischem Druck nahm auch Papst Zosimus seine Entscheidung zurück und verurteilte die Pelagianer.

Der Streit um die Gnade hatte damit zunächst ein Ende gefunden, wenn auch nur mit dem Einsatz staatlicher Gewalt: „Aber christliche Herrscher dürfen über den alten katholischen Glauben keinen Zweifel hegen. In ihm sicher und fest gegründet, müssen sie über seine Feinde ihre Strafdisziplin verhängen" (Augustinus, ep. 191, 2). Die theologischen Fragen waren keineswegs ganz beantwortet. Auch wenn man Pelagius und seine Lehre verurteilt hatte, hatte man noch lange nicht einfach die augustinische Gnadenlehre unterschrieben. Die Verurteilten fanden schließlich in Julian von Aeclanum (gestorben nach 454) einen gebildeten Wortführer, der entschieden und klar die pelagianische Position verteidigte: Ablehnung der Erbsünde und jeder Schwächung der menschlichen Natur. Der alternde Augustinus bekämpfte ihn mit unversöhnlicher Härte und Bitterkeit. In seiner Abwehr und zur Verteidigung der eigenen Position, die er inzwischen auch im „eigenen Haus" zu führen hatte (Mönche von Hadrumetum), ließ sich der „Lehrer der Gnade" in seine düstere und schroffe Prädestinationslehre drängen: die ganze Menschheit ist durch Adams Schuld zur verdorbenen, verworfenen Masse geworden (vgl. Röm 5, 12). Gottes Gnade wählt in ihrer Freiheit die Auserwählten daraus und schenkt ihnen die Gnade der Beharrlichkeit: „So sehr wird ihr (der Auserwählten) Wille vom Heiligen Geist entzündet, daß sie können, weil sie wollen; und sie wollen, weil Gott bewirkt, daß sie wollen" (De corr. et gratia 12, 38). Dieser in den Auserwählten bewirkte Wille ist die gottgeschenkte, neue Freiheit des Menschen, und sie ist „unbesiegbar und unüberwindbar" im Auserwählten (ebd.). So hielt Augustinus am absolut gnadenhaften Beginn des Glaubens fest, an der nur durch Gnade möglichen Beharrung im Glauben, und wollte doch auch dem Menschen die Freiheit belassen.

Die Semipelagianer

Südgallische Mönche waren es dann nach Augustinus und der unklaren Verurteilung des Pelagianismus in Ephesus 431, die die Gnadenfrage noch einmal aufnahmen. Die „Massilienses" oder Semipelagianer, wie sie später genannt wurden, entdeckten

Schwächen in Augustins System. Mit seiner strengen Prädestination sahen sie den allgemeinen Heilswillen Gottes (1 Tim 2, 4) geleugnet und auch die universale Erlösung durch Christus in Frage gestellt. Sie sahen in ihr fatale Folgen für die Pastoral, da die Prädestination zur Verzweiflung führen müßte, obwohl Augustinus durchaus den Seelsorgern Anweisung gegeben hatte, wie man über die Prädestinationslehre zu predigen habe. Sie stellten in ihr eine peinliche Lähmung jeder ethisch-asketischen Anstrengung fest, da solche für Erwählte und Nichterwählte im Grunde überflüssig sei. Sie setzten die menschliche Freiheit wieder gegen die Gnade und ließen eine Prädestination nur gelten als Gottes Entscheidung aufgrund des Vorauswissens über das menschliche Tun. In Johannes Cassian (ca. 360–430/35; seit ca. 415 in Marseille) fand der „Semipelagianismus" seinen wichtigsten Vertreter und literarischen Verteidiger (besonders mit seiner dreizehnten Collatio). Augustins Lehre wurde gegen Cassian vor allem von Prosper von Aquitanien verteidigt (gestorben nach 455). Er schaffte schließlich mit einem gemäßigten Augustinismus die Verbindung zu Rom unter Leo I. Dieser neue Augustinismus – unbeschränkte Bejahung des universalen göttlichen Heilswillens und Anerkennung der menschlichen Freiheit für den Anfang und die Beharrung im Guten – konnte sich gegen die Semipelagianer durchsetzen. Nach langem Hin und Her nahm die Synode von Orange 529 – eigentlich eine Versammlung von Bischöfen anläßlich einer Kirchweihe unter der Führung des Bischofs Caesar von Arles (470–542) – diese Lehre an und verurteilte den Semipelagianimus. Da sich Rom hinter diese Entscheidung stellte und die Aussagen von Orange in die gallischen Kanones-Sammlungen aufgenommen wurden, gelangte jene Synode zu hoher Autorität. Als Abschluß des altkirchlichen Gnadenstreites wurde sie zur Grundlage für die mittelalterliche Gnadenlehre.

Chronologische Zusammenfassung:

318	Verurteilung des Arius in Alexandrien
325	Konzil von Nizäa
328	Athanasius Bischof von Alexandrien
337	Tod Kaiser Konstantins; Herrschaft der Konstantinssöhne
337–361	Constantius (seit 350/53 Alleinherrscher), antinizänische Religionspolitik
341	Kirchweihsynode von Antiochien
343	Konzil von Serdika
351–359	Synoden von Sirmium (Sirmische Formeln)
354–430	Augustinus
359	Synode von Rimini und Seleukia
358–362	Athanasius, Briefe an Serapion von Thmuis (Pneumatologie)
361–363	Julian „Apostata“
ca. 364	Basilius von Caesarea, Contra Eunomium; Beginn der theologischen Arbeit der „Jungnizäner“
364–375	Kaiser Valens, letzte politische Stütze der Antinizäner
374–397	Ambrosius, Bischof von Mailand
375	Basilius von Caesarea, De Spiritu Sancto
379–395	Theodosius der Große, Nizäner
381	Konzil von Konstantinopel
384	Pelagius in Rom
390	Tod des Apollinaris von Laodicea
395/6	Augustinus, Bischof von Hippo
397–400	Augustinus, Confessiones
408–450	Kaiser Theodosius II.
410	Alarich erobert Rom
411 ff.	Pelagianischer Streit
428	Nestorius, Bischof von Konstantinopel
ca. 429–529	Semipelagianischer Streit
431	Konzil von Ephesus
433	Unionsformel von Antiochien
440–461	Papst Leo I.

448	Verurteilung des Eutyches in Konstantinopel
449	„Räubersynode" von Ephesus
450–457	Kaiser Marcian und Pulcheria
451	Konzil von Chalcedon
529	Synode von Orange

VI. VON PETRUS ZUM PAPST

Her kommt die ganze Welt, so glaube man wohl,
Zusammenströmt des Himmels Bürgerschaft:
Erwählet ward der Völker Haupt zum Sitze dessen,
der die Völker lehrt.

(Ambrosius von Mailand)

1. Petrus in Rom – Spuren einer Tradition

Was Bischof Ambrosius in einem Hymnus auf die Apostel Petrus und Paulus zum Ruhm Roms verkündete, das feierte Prosper von Aquitanien in der ersten Hälfte des 5. Jahrhunderts mit ähnlichen Worten: „Rom, der Bischofssitz des Petrus, von der Ehre des Hirten ward es zum Haupt für die Welt; was es nicht besitzt in Waffen, durch Religion hält es das fest" (De ingratis 40–42). Der christliche Schriftsteller hielt sich dabei an das antike Lob der alten Reichshauptstadt und führte die bereits begonnene christliche Interpretation der Verherrlichung Roms weiter: als Bischofssitz des Petrus ist sie weiterhin das eigentliche Haupt der Welt. Bis ein solches christliches Lob der Stadt gesungen werden konnte, hat es freilich langer Entwicklungen bedurft.

„Des Petrus Bischofssitz", das beansprucht den Aufenthalt und eine führende Tätigkeit des Petrus in Rom. Was wir von den Anfängen der römischen Christengemeinde wissen, schließt den Apostel Petrus als Gründer dieser Gemeinde aus. Was uns vom Leben des Apostels bekannt ist, führt sicher zu einer Vorrangstellung im Kreis der Jesusjünger und der nachösterlichen Urgemeinde, aber nicht bruchlos zu einem Aufenthalt in Rom. Wenn Paulus in Röm 1, 8 die Christen von Rom feiert, „weil man von ihrem Glauben in der ganzen Welt spricht", dann wird das nicht petrinisch begründet. Hinter der freundlichen Anerkennung darf der Glanz der Reichshauptstadt gesehen werden. Deren Ansehen übertrug sich auf die kleine Christengemeinde in ihren Mauern. Dasselbe gilt vom überschwenglichen Lob der römischen Christengemeinde, das Ignatius von Antiochien an den Anfang seines Römerbriefes setzte. Der römischen Christengemeinde kam von vornherein Achtung und Beachtung zu, einfach weil sie Gemeinde in der Reichshauptstadt war: geborgter Glanz!

Gegen Ende des ersten Jahrhunderts werden Aufenthalt und Martyrium des Apostels Petrus in Rom erwähnt. Es geschieht in jenen Texten, die älteste christliche Nachrichten über Rom festhalten. Die Dokumente sind bekannt und immer wieder gedeutet worden: 1 Petr 5, 13; 1 Clemens 5–6; Ignatius, Röm 4, 3; Himmelfahrt des Jesaia 4, 3 und Petrusapokalypse. Ihre Aussagen bezeugen eine doppelte Tradition: Petrus war in Rom, und Petrus ist dort für seinen Glauben gestorben. Nicht unbedingt zwingend folgt aus diesen Zeugnissen, daß der Apostel dem neronischen Willkürakt nach dem Brand Roms zum Opfer gefallen ist; aber die festgehaltene Überlieferung weist in diese Richtung. Die Spuren der Tradition verdichten sich vom späten 2. Jahrhundert an. Die Überlieferung vom römischen Aufenthalt und römischen Martyrium des Apostels kann sich dann unangefochten durchhalten. Ihre starke Stütze erhielt sie in dieser Zeit durch den Hinweis auf das Petrusgrab. Doch dieses Zeugnis muß in seinem Zusammenhang gesehen werden. Es gehört in die Apologie, in die Selbstbehauptung bestimmter Gemeindetradition. Zum ersten Mal tauchte die Berufung auf Heiligengräber im Osterfeststreit und in der Auseinandersetzung mit den Montanisten auf. Das christliche Heiligengrab scheint eine kleinasiatische Erfindung zu sein. Im Bericht über das Leiden und Sterben ihres Bischofs Polykarp schrieb die Gemeinde von Smyrna, daß sie sich alljährlich zum Gedenken an das Martyrium am Grab des Heiligen versammeln wolle (Martyrium Polycarpi 18, 3). Die Quartadezimaner verteidigten ihre eigene Osterfeier mit den Heiligengräbern in ihren Gemeinden: weil

„große Sterne“ bei ihnen ihre Ruhestätte gefunden haben, stehen sie in guter und rechter Tradition (Eusebius, Kirchengeschichte V 24, 2). Eine gleiche Rolle spielte das Heiligengrab in der montanistischen Verteidigung. Und genau in der antimontanistischen Polemik setzte Rom seine Heiligengräber ein: „Ich kann dir die Siegeszeichen der Apostel zeigen. Du magst auf den Vatikan gehen oder auf die Straße nach Ostia, du findest die Siegeszeichen der Apostel, die diese Kirche gegründet haben“ (Gaius von Rom, gegen den Montanisten Proclus; unter Bischof Zephyrinus von Rom 198–217). Gegen Ende des 2. Jahrhunderts hatte auch Rom seine eigenen Heiligengräber: das des Petrus wurde am Vatikan verehrt, das des Paulus an der Straße nach Ostia. Mit jener Gaius-Notiz über die „Siegeszeichen“ (Tropaia) der Apostel wird zum ersten Mal das „Petrusgrab“ in Rom greifbar. Auch hier beginnt nun eine nicht mehr angefochtene Tradition. Kein anderer Ort der Alten Kirche beansprucht das Grab des Petrus für sich!

2. Der Bischof von Rom und die vielen Bischöfe der Kirche

Von der frühchristlichen Großkirche wurde gesagt, daß sie wesentlich Bischofskirche ist. Der Bischof trägt alle geistliche Vollmacht und Autorität für seine Gemeinde; er ist der Garant der treu bewahrten Überlieferung. Er ist der Nachfolger der Apostel. Aber das gilt für jeden Bischof in gleichem Maße. Ein „Bischof der Bischöfe“ (episcopus episcoporum; Synode von Karthago 256) fügt sich in dieses Konzept nicht ein. Denn die ganze Kirche steht in der apostolischen Nachfolge, und der einzelne Bischof ist örtlicher Repräsentant und Träger des Apostolischen. Zum Erweis der Apostolizität stellten einzelne Gemeinden Bischofslisten auf (vgl. oben). Irenäus von Lyon überliefert jene von Rom, „der größten, ältesten und allbekannten Kirche, die von den beiden ruhmreichen Aposteln Petrus und Paulus gegründet und gebaut worden ist“. Nach Irenäus haben die beiden Apostel dem Linus den Episkopat zur Verwaltung der

Kirche übertragen, und danach führt er die Namen römischer Bischöfe bis auf seine Zeit an: „Jetzt hat als Zwölfter seit den Aposteln Eleutherus den Episkopat inne" (Adv. haer. III 3,2–3). Die ununterbrochene Reihenfolge einzelner Bischöfe sollte das Einssein der gegenwärtigen Kirche mit dem Glauben der Anfänge aufweisen. „Denn die von den Aposteln der ganzen Welt verkündete Tradition kann man in jeder Kirche aufgrund der apostolischen Sukzession finden" (ebd. III 3,1). Schon dieser Satz bindet die römische Gemeinde und ihren Bischof in die gesamtkirchliche apostolische Nachfolge ein. Dem steht die unübersehbare Betonung der römischen Gemeinde nicht entgegen. Sie hat in der Verkündigung und Gründung durch die beiden Apostel Petrus und Paulus ihren hervorragenden Ursprung. Deshalb muß jeder mit dieser Kirche verbunden sein, wenn er im rechten Glauben stehen will. Aber die römische Kirche ist wieder mit jeder anderen apostolischen Kirche geeint. Petrinisch-paulinische Apostolizität im Ursprung kann in der Gegenwart keine höhere apostolische Qualität bedeuten. Auch jenes schon zitierte Wort des Tertullian über die verschiedenen „apostolischen Bischofssitze" in der gesamten Kirche bringt das zum Ausdruck: Korinth, Philippi, Ephesus und Rom stehen auf der einen Ebene gleichrangiger Apostolizität. Der dreifache apostolische Ursprung, den Tertullian dabei für Rom mit Petrus, Paulus und dem Martyrium des Johannes belegt, ändert an dieser Feststellung nichts. Auch wenn persönliche Nachfolger der beiden ersten Apostel benannt werden, so bleiben diese doch in die apostolische Nachfolge der gesamten Kirche eingebunden. Bei Tertullian ist der unmittelbare Petrusnachfolger übrigens nicht Linus, sondern Clemens (De praescr. 32, 2). Damit stimmt er mit den Pseudo-Clementinen überein, nach denen Petrus den Clemens zum Bischof in Rom bestellte (Ep. 2), nachdem er zuvor in Palästina den Zachäus (Lk 19, 5 ff.!) als Nachfolger eingesetzt hatte (Hom. 3).

Aufgrund einer petrinischen Nachfolge gab es in der frühchristlichen Großkirche keinen Vorrang für den Bischof von Rom. Wenn ein solcher beansprucht wurde, nützte der römische

Bischof seine Stellung in der Reichshauptstadtgemeinde aus. Die ausgezeichneten Attribute, die Irenäus Roms Christengemeinde zulegte, spielten auf diesen Rang an. Tertullian fügte das Moment der Pietät hinzu: von Rom kam zu uns nach Nordafrika der rechte Glaube (De praescr. 36, 2). Aber diese dankbare Pietät, die außerhalb Roms formuliert wird und Rom als Ausgangspunkt der Mission im westlichen Römerreich anerkennt, wurde erst viel später in Rom als Stütze einer Vormachtstellung entdeckt und ausgewertet. Die bekannten Beispiele besonderer römischer Aktivität und eigenen Autoritätsanspruchs im späten 2. und im 3. Jahrhundert beruhten auf keiner eigenen Begründung. Das gilt sicher für Viktors (189–198) Auftreten im Osterfeststreit. Zur Klärung hatte auch er wie die Bischöfe im Osten in Rom eine Synode einberufen. Den römischen Standpunkt verteidigte er mit nichts anderem als mit „apostolischer Überlieferung". Sein schroffes, ablehnendes Verhalten den Quartadezimanern gegenüber wurde von anderen Bischöfen entschieden gerügt und zurückgewiesen (Eusebius, Kirchengeschichte V 24, 10–11).

Weniger eindeutig ist die Argumentation des Bischofs Stephan von Rom (254–257) im Ketzertaufstreit auszumachen. Die unterschiedliche theologische und pastorale Wertung der „Ketzertaufe" hatte zu Spannungen zwischen Cyprian von Karthago und Stephan geführt und eine Einigung unmöglich gemacht. Stephans wichtigstes Argument war die römische Tradition: am Herkommen soll man festhalten (Cyprian, ep. 74, 1). Nun hatte aber Cyprian kurz vor Ausbruch des Streites seine Lehre von der Einheit der Kirche dargelegt und sie mit einem Primat Petri begründet; Mt 16, 18 ff. war dabei ganz entsprechend seinem Kirchenverständnis episkopalistisch gedeutet worden. War diese Vorlage nach Rom gelangt und von Stephan in seinem Sinn verstanden worden? Dann müßte für Stephan die erste „päpstliche Exegese" von Mt 16, 18 angenommen werden. Doch dafür gibt es kaum eindeutige Beweise. Zwar behauptet Firmilian von Caesarea, der Cyprian kräftig unterstützte, Stephan rühme sich der Nachfolge Petri (Cyprian, ep. 75, 17). Dabei darf einmal die Unfreundlichkeit nicht übersehen werden, mit der Firmilian dem römischen Bischof begegnete. Zum anderen, Stephan war nun einmal Nachfolger des Petrus; das hatte auch Cyprian seinem Vorgänger Cornelius (251–254) ohne Bedenken zugestanden (Ep. 59, 14), freilich ohne ihm auf Grund dieser Nachfolge höhere Autorität zuzugestehen. Stephans Härte und Entschiedenheit brauchte keine neue Argumentation zu erfinden. Als Bischof von Rom wußte er sich mit genügend Macht und Ansehen ausgestattet. In anderen kirchlichen Streitfällen hatte auch Cyprian mit dieser vorgegebenen Stellung des römischen Amtsbruders gerechnet (Ep. 67–68).

Grundsätzlich blieb der römische Bischof in das episkopale System der frühchristlichen Großkirche eingeordnet und lebte dazu in seiner Stellung als Bischof von Rom vom Glanz der Reichshauptstadt. Daß das nicht nur schönes Ansehen und freundliches Anerkennen rundum bedeutete, beweist der Kanon 6 des Konzils von Nizäa: „Nach alter Gewohnheit (antiqua consuetudo) soll für Ägypten der Bischof von Alexandrien alle Macht (potestas) haben, weil es so auch für den Bischof von Rom gilt. Gleiche Vorrechte (privilegia) gelten auch für Antiochien und die übrigen Provinzen." Jener Kanon schuf mit dieser Bestimmung nichts Neues. Er schrieb alte Gewohnheit fest. Es war die zuvor schon erfolgte kirchliche Ordnung im Anschluß an die politische Ordnung des Reichs. Die drei genannten Städte waren Hauptstädte des Imperiums. Ihre Vorortfunktion hatte sich ganz von selbst auf die in ihnen herangewachsenen Christengemeinden übertragen. Deshalb kam ihnen in ihrem jeweiligen Reichsgebiet alle kirchliche Macht zu. Eine andere Begründung liefert der Konzilskanon nicht. Aber die Reichsordnung war Rom und seinem Bischof noch einmal freundlich entgegengekommen: während im Osten zwei Hauptstädte nebeneinanderstanden, stand für den ganzen Westen die alte Reichshauptstadt allein, und als „caput mundi" stand sie schließlich auch weit über den östlichen Hauptstädten.

3. Römischer Bischof und reichskatholische Kirche

Die Gunst der Zeit

Der bemerkenswerte Kanon 6 von Nizäa gehört bereits in die konstantinische Zeit. Doch wie jener Kanon dem Bischof von Rom nur das gab, was er bereits hatte, so ließ auch die „Konstantinische Wende" ihn an seinem Platz. Der römische Bischof hatte keinerlei Anteil an Konstantins Hinwendung zum Christentum. Die spätere Silvesterlegende hat dieses Unbeteiligtsein peinlich empfunden und die angebliche Taufe des Kaisers durch Bischof Silvester erfunden. Aber ganz leer ging der Bischof von Rom doch nicht aus. Vor allem war es die Schenkung des Geländes um den ehemaligen Palast der Laterani, wodurch der Bischof der Reichshauptstadt seine standesgemäße Residenz beziehen und über einen großräumigen Kirchenbau verfügen konnte. Die übrigen Kirchenstiftungen des Kaisers in Rom zeichneten den Bischofssitz hervorragend aus: in großen Basiliken sollte der römische Bischof seine Gemeinde versammeln können. Die materielle Ausstattung dieser Kirchen und die finanziellen Zuwendungen an den römischen Bischof und Klerus brachten neue Wirkmöglichkeiten und erwünschte Ansehenssteigerung. Andererseits kamen Kirche und christliche Religion in die Hand des Kaisers. Schon Bischof Miltiades mußte das erfahren. Sein und der mit ihm versammelten Bischöfe ergangenes Urteil über die Donatisten, das im Auftrag des Kaisers gesprochen worden war, war nicht das letzte Wort in dieser Angelegenheit. Die Appellation der Donatisten beim Kaiser führte danach zum Konzil von Arles im Jahre 314. Der Bischof von Rom – es ist jetzt Silvester – nahm nicht daran teil. Die in Arles versammelten Bischöfe zeigten Verständnis dafür: „Du konntest ja keinesfalls von jener Stätte fortgehen, wo die Apostel alle Tage residieren und ihr Blut ohne Unterlaß Gottes Ruhm bezeugt." Die Bischöfe von Rom standen dem neuen Institut des Reichskonzils reserviert gegenüber. Sie nahmen in der Folgezeit an keiner dieser Versammlungen persönlich teil. Sie hielten an der älteren Form der bischöflichen

Synoden fest und versuchten, diese Entscheidungsinstanz immer wieder gegen die kaiserliche Religionspolitik durchzusetzen. Dieser institutionelle Konservatismus konnte so den Kampf um kirchliche Freiheit und Selbständigkeit unterstützen.

Die Gründung Konstantinopels durch Kaiser Konstantin nahm der alten Reichshauptstadt ihre politische Funktion. Da der Kaiser seine neue Hauptstadt ganz bewußt auch als „Neues Rom" geschaffen hatte, entstand am Bosporus eine Konkurrentin zum alten Rom. Eine kirchliche Konsequenz zeigte sich zwar erst fünfzig Jahre später. Aber der Funktionsverlust hinterließ in der Tiberstadt eine empfindliche Lücke, denn der reale politische Vorrang fand sein Ende. Erhalten aber blieb die alte Romideologie, die hohen, ideellen Werte, die sich mit der „roma aeterna", dem „caput mundi" längst unlösbar verbunden hatten. Sie riefen nach einem neuen Träger. Der Mangel, den jeder Römer im Jahre 330 empfinden mußte, konnte für das christliche Rom und seinen Bischof zum Gewinn werden. Die Gunst der Zeit kam einem neuen römisch-bischöflichen Selbstverständnis entgegen!

Gunst der Zeit, dazu gehörten bis zum Konzil von Konstantinopel 381 auch die Kämpfe um das Glaubensbekenntnis, die vor allem die östliche Reichshälfte erschütterten. Die pars occidentalis war bis 353 fast unbeteiligter Zuschauer und konnte sich als Schiedsrichter und Vermittler anbieten. Das wurde besonders deutlich unter Julius I. (337–352), der sich für den verbannten und verfolgten Athanasius einsetzte. Mit Nachdruck bestand er dabei auf synodaler Klärung und Entscheidung der anstehenden Fragen. Die innerkirchliche Lösung ohne den kaiserlichen Spruch, also die vorkonstantinische Synodalordnung, bestimmte er als apostolische Einrichtung: „Was wir vom Apostel Petrus empfangen haben; wie die Anweisungen des Apostels Paulus lauten" (Schreiben der römischen Synode von 340). Die apostolische Tradition wurde damit auf das kirchliche Recht verschoben. Das zeigte sich besonders bei den Kanones der Synode von Serdika 343. Sie setzten das Appellationsrecht aller Bischöfe an den Bischof von Rom fest – „um das Gedächtnis des Apostels Petrus zu ehren" (Kanon 3) – und sprachen dem römischen Bischof höchstrichterliche Entscheidung zu. Diese Kanones, die die römische Gerichtsbarkeit petrinisch begründen, sind zwar ganz aus der prekären Situation ihrer Zeit zu verstehen. Die notwendige Stärkung der nizänischen Partei und vor allem des Bischofs Athanasius führte dabei die Feder. Außerdem waren es nur die westlichen Bischöfe, die sich zu diesen Kanones bekannten. Aber für die weitere Entwicklung römischer Hoheitsansprüche waren damit die Weichen gestellt, zumal diese Kanones rasch mit denen des Konzils von Nizäa zu einem ungetrennten Ganzen zusammengestellt wurden und sich mit dem hohen Ansehen jenes Konzils umgaben.

Damasus von Rom (366–384) führte diese Entwicklung zügig weiter. Die Wahl zweier Bischöfe von Rom im Jahre 366 – Damasus und Ursinus – hatte zu Terror und Mord in der Stadt geführt. Damasus fand schließlich mehrheitliche Anerkennung und konnte sich in seiner Stellung behaupten. Doch die mißlichen Umstände seines Amtsantrittes drängten auf entschiedene Selbstbehauptung in Rom. Dazu bemühte er sich beim Kaiser um einen privilegierten Gerichtsstand für den Bischof von Rom. Diesen lehnte Kaiser Gratian ab. Bezeichnend war jedoch die Begründung, mit der der Antrag vorgetragen wurde: „Unser Bruder Damasus möge nicht schlechter gestellt sein als die, welchen er im Amt gleichsteht, welche er jedoch durch die Prärogative des Apostolischen Stuhles überragt." So hatten es die Bischöfe einer römischen Synode im Jahre 378 formuliert. Dort taucht der wichtige Begriff der Prärogative, des Vorrechtes und Vorranges des römischen Bischofsstuhles auf, der nun aus der römischen Amtssprache nicht mehr verschwinden sollte. Der römische Bischofsstuhl ist „sedes apostolica" schlechthin. Das gaben die Bischöfe auch zu erkennen, als sie sich „am höchsten apostolischen Stuhl versammelt" benannten (ad sublime sedis apostolicae congregati). Der „apostolische Sitz" erfuhr damit eine bedeutsame Verengung. Er wird auf Rom beschränkt. Apostolisch scheint in ausschließlichem Sinn mit „petrinisch" gleichgesetzt zu werden.

Dieses neue römische Selbstverständnis zeigte sich deutlich in der Reaktion auf den Kanon 3 des Konzils von Konstantinopel 381. In diesem Kanon bestimmten die Konzilsväter: „Der Bischof von Konstantinopel soll den Ehrenprimat (honoris primatus) haben entsprechend dem Bischof von Rom, weil diese Stadt das jüngere Rom ist." Der Kanon besagte weder Aufregendes noch Unerhörtes. Er zog eine längst überfällige Konsequenz aus der alten Angleichung der kirchlichen Ordnung an die politische Ordnung. Dieses Prinzip hatte auf dem Konzil eine Entscheidung über die großräumige Gliederung der Kirchen des Ostens bestimmt (Kanon 2). Dagegen regte sich keinerlei Widerspruch, wohl aber gegen den dritten Kanon. Der Protest kam aus Rom, obwohl Rom und sein Bischof in diesem Kanon in keiner Weise angegriffen wurden. Im Gegenteil, was Roms Bischof immer schon hatte, blieb ihm zugestanden: ein Ehrenprimat vor allen anderen Bischöfen, gegründet auf den unbestreitbaren Vorrang Roms, alte Reichshauptstadt zu sein. Genau diese Begründung führte jetzt auch zur Auszeichnung des Bischofs von Konstantinopel. Was für den Bischof des Alten Rom galt, sollte ebenso für den Bischof des Neuen Rom gelten. In diesem Augenblick jedoch, da die politische Stütze Roms zerbrochen war, setzte Damasus das Prinzip der Apostolizität gegen das der Angleichung an die politische Ordnung: „Wenn auch die gesamten, über den Erdkreis verbreiteten katholischen Kirchen ein Brautgemach Christi sind, so ist doch die heilige römische Kirche nicht durch Synodalbeschlüsse den übrigen Kirchen vorangestellt, sondern hat den Primat erhalten durch das Herrenwort des Evangeliums: ‚Du bist Petrus . . .' (Mt 16, 18). Dazu fügt sich noch die Gemeinschaft mit dem seligsten Apostel Paulus, dem auserwählten Gefäß, der zu gleicher Zeit und an demselben Tag mit Petrus unter dem Caesar Nero in der Stadt die Märtyrerkrone errang. Gleicherweise haben sie die genannte römische Kirche dem Herrn geweiht und sie allen Kirchen in der ganzen Welt durch ihre Gegenwart und ihren ehrwürdigen Triumph vorangestellt. Es steht also der erste Sitz des Apostels

Petrus der römischen Kirche zu. Der zweite Sitz ist zu Alexandrien im Namen des heiligen Petrus von seinem Schüler, dem heiligen Markus, geweiht worden, und er selbst hat, vom Apostel Petrus nach Ägypten gesandt, das Wort der Wahrheit gepredigt und das glorreiche Martyrium vollendet. Der dritte Sitz des heiligen Petrus aber steht zu Antiochien in Ehren, weil er dort, ehe er nach Rom kam, gewohnt hat und dort zuerst der Name ‚Christen' (Apg 11, 26) für das neue Volk aufgekommen ist" (Römische Synode von 382).

Rom reagierte außerordentlich geschickt und ebenso bestimmt. Konstantinopel wurde direkt gar nicht erwähnt. Dafür aber Alexandrien und Antiochien, die sich durch Konstantinopel aus ihren alten Vorrangstellungen gedrängt sehen mußten. Der römische Einspruch schuf eine heilige Allianz gegen Konstantinopel und begründete sie mit dem petrinisch-apostolischen Prinzip. Das Wort des Evangeliums wurde gegen den Synodalbeschluß gesetzt. Mt 16, 18 wird von jetzt an ausschließlich in diesem Sinn gedeutet und beansprucht. Die episkopalistische Interpretation mußte jetzt der römisch-päpstlichen Platz machen.

Die Aktivitäten des Bischofs Damasus und sein Selbstverständnis steuerten auf eine neue Bestimmung des römischen Bischofsamtes hin. Nicht zuletzt trug dazu auch die Bibelarbeit des Hieronymus bei. Im Auftrag des Damasus sollte er einen einheitlichen lateinischen Bibeltext für die westliche Kirche bereitstellen. Zum einen konnte Rom damit in einer dringenden pastoralen und liturgischen Not Hilfe bieten. Zum anderen aber war mit dem neuen lateinischen Bibeltext eine günstige Vorlage für die eigene Art einer päpstlichen Exegese geschaffen. Unübersehbar machte der lateinische Bibeltext Anleihen beim Latein der Römer des 4. Jahrhunderts und seiner starken juristischen Prägung. Dabei war sprachlich die Übertragung durchaus in Ordnung; aber die übernommenen Begriffe aus der römischen Rechtssprache führten eben auch ihren alten Bedeutungsgehalt in die Bibel ein. „Mit der lateinischen Bibelübersetzung wurde dem Papsttum jenes Werkzeug in die Hand gegeben, mit dem es eine unzerreißbare Verbindung zwischen sich und der Bibel herstellen sollte" (W. Ullmann).

4. Vollmacht und Verantwortung im Namen des Erstapostels Petrus

Das Haupt der Kirche

Mit „königlichem Anspruch" (auctoritas regalis) wolle Damasus die Kirche regieren, haben seine römischen Gegner behauptet. Der Vorwurf übersah das kirchliche Selbstverständnis, das hinter dem römischen Streben nach einer kirchlichen Monokratie stand. Die Kirche wurde als Körperschaft verstanden (corpus). Die paulinische Rede von der Kirche als dem „Leib Christi" wurde juristisch interpretiert. Die Gemeinschaft der Gläubigen wird zum rechtlichen Gebilde. Die Körperschaft verlangt mit innerer Notwendigkeit die eigene Herrschaft. Zum Leib (corpus) gehört das Haupt (caput). Das Haupt der Kirche wird im Bischof von Rom gesehen (caput ecclesiae). Petrinisches und paulinisches Prinzip wurden dabei miteinander verbunden. Nicht umsonst hatte Damasus auf das gemeinsame und gleichzeitige Martyrium der beiden Apostel verwiesen. Ihre Zusammengehörigkeit wurde durch das Kirchenverständnis vertieft. So konnte Anastasius (399–402), der zweite Nachfolger des Damasus, sagen: „Die Glieder meines Leibes sind über die weiten Räume der Welt verstreut." Das Pauluswort: „Die Sorge um alle Kirchen bedrängt mich" (2 Kor 11, 28), konnte bald zur ständigen Selbstaussage der römischen Bischöfe werden. Die Unmittelbarkeit des römischen Bischofs zu den Erstaposteln beherrschte nun das römische Denken. Petrus wurde als „Haupt der Apostel", „in dem der Apostolat und der Episkopat ihren Anfang nahmen" (Siricius, an die Bischöfe Afrikas, im Jahre 386), als Quelle und Ursprung (fons et origo) der römischbischöflichen Macht entdeckt. Die nächsten Nachfolger des Damasus – besonders Siricius (384–399), Anastasius I. (399–402), Innozenz I. (402–417), Bonifatius I. (418–422), Coelestin I.

(422–432) und Sixtus III. (432–440) – verstanden es, ihren Vollmachtsanspruch ganz auf die Petrusnachfolge abzustellen und entfalteten nach und nach eine eigene Petruslehre („Petrinologie“, W. Ullmann). In diesen Männern dürfen die ersten römischen Päpste gesehen werden, die mit ihrem Amtsverständnis über die bischöfliche Ordnung der frühchristlichen Großkirche hinausgewachsen sind. Allerdings blieb dieser Anspruch auf die Kirche des westlichen Römerreichs beschränkt; die Kirche des östlichen Reiches war nicht willens, sich diesem hohen Anspruch zu beugen.

Die päpstliche Dekretale

Die eigene römische Petrusnachfolge fand in der päpstlichen Dekretale ihren literarischen Ausdruck. Das Decretum kommt aus der kaiserlichen Kanzlei. Mit ihm entschied der Kaiser kraft seines Amtes Rechtsangelegenheiten. Als Antwort auf Anfragen aus dem weiten Reich schaffte und setzte es Ordnung als höchstrichterliche Entscheidung. Wahrscheinlich wurde diese offizielle Briefform unter Damasus in die päpstliche Kanzlei übernommen: greifbar wird der Stilwandel in den Äußerungen seines Nachfolgers Siricius. Bischof Himerius von Tarragona (Spanien) hatte einen langen Fragekatalog in Rom eingereicht. Siricius antwortete ihm im Jahre 385: „Auf deine Anfragen müssen wir Antwort geben.“ Der Papst ist also die richtige Adresse für Anfragen aus dem kirchlichen Leben. Sein Amt zwingt ihn, Antwort zu geben. Daß er Antwort geben muß, begründet der Papst mit dem Hinweis, daß mit seinem Amt der „größere Eifer für die christliche Religion verbunden ist“. Er trägt die Lasten aller, womit an die paulinische Sorge für alle Kirchen erinnert ist. Aber dann wird die Last auf andere Schultern gelegt: „Die Last trägt in uns der heilige Apostel Petrus, der uns als den Erben seines Amtes in allem beschützt und bewacht.“ Das petrinische Prinzip wird hier entfaltet: Petrus hatte ein Amt (administratio) inne; Erbe dieses Amtes ist der Papst in Rom. Siricius ist der Nachfolger dieses Amtsträgers, und er übt dieses Amt unter Mitwirkung des Petrus aus. In seinen rechtserheblichen Entscheidungen ist er Sprachrohr des Apostels Petrus. Sein Schreiben geschieht im Namen des Petrus; es ist „decretum apostolicum". Wer es ablehnt, folgt nicht dem heiligen Petrus, gehört nicht mehr zum corpus ecclesiae, weil er sich vom Haupt der Kirche trennt. Kurz und bündig können solche Dekretalen deshalb entscheiden: wir ordnen an, wir bestimmen, wir legen fest ...

Besonders markante Dekretalen sind von Papst Innozenz I. erhalten. Anfragen zur kirchlichen Praxis beantwortete er bestimmt mit dem Verweis auf die römische Praxis: „Wer dürfte es denn nicht wissen oder begreifen, daß, was vom Apostelfürsten Petrus der römischen Kirche überliefert worden ist und bis heute noch beobachtet wird, von allen befolgt werden muß ..." (an Decentius von Gubbio, im Jahre 416). Er führte das bereits begonnene Bemühen Roms, letzte Appellationsinstanz in allen Streitfragen zu sein, weiter: die causae maiores seien allein vor ihn zu bringen, wie sie einst im Alten Bund zu Mose getragen werden mußten (Ex 18, 22; an Rufus von Thessalonich, im Jahre 412). In solcher Forderung wirkte die Erinnerung an das verworrene Synodalgeschehen des 4. Jahrhunderts nach; die gegenwärtige Erfahrung mußte Innozenz in seinen Ansprüchen bestärken. Das zeigt sich auch in der Bestimmung, daß fremde Synodalbeschlüsse ihm vorgelegt werden sollten (ad nostrum referendum iudicium). Denn nur die petrinische Autorität kann Urteilssprüche nachgeordneter Kirchen bekräftigen; diese Kirchen müssen von Rom unterwiesen werden, denn „alle Gewässer fließen aus dem apostolischen Stuhl, gleichsam dem Urquell, und ergießen sich in reinster Form über alle Regionen der Erde" (Collectio Avellana 703).

Im Namen Petri

Die umfassende Zuständigkeit Roms erfuhr bei Innozenz eine weitere Begründung: „In ganz Italien, Gallien, Spanien, Afrika, Sizilien und auf den dazwischen liegenden Inseln hat niemand Kirchen gegründet, außer denen, die der selige Apostel Petrus oder seine Nachfolger zu Priestern eingesetzt haben" (an

Decentius). Petrus ist zum universalen Kirchengründer geworden. Das einst von Tertullian angesprochene Pietätsverhältnis der afrikanischen Kirche der römischen gegenüber ist nun neu verstanden. Daraus wird ein Abhängigkeitsverhältnis mit rechtlichen Folgen. „Die Petrinität der römischen Kirche war Mittel zur Bewältigung der Geschichte. Indem sie zurechtgerückt wurde, wurde sie gleichsam in den Dienst des Glaubens gestellt. Diese ‚Beherrschung' der Geschichte durch den Glauben wurde, wie sich alsbald zeigen wird, zu einem Merkmal der päpstlichen Bestrebungen, ist jedoch eine Erscheinungsform oder ein Anwendungsfall eines tief religiösen und urchristlichen Geistes, der sich in der Überwindung der Natur und ihrer Gegebenheiten durch Unterordnung unter die göttlichen Gesetze offenbart" (W. Ullmann).

Auf diesem Wege schritten die folgenden Päpste zügig weiter. Die peinliche Doppelwahl in Rom im Jahr 418 – der Diakon Eulalius und der Presbyter Bonifatius wurden zu Bischöfen gewählt – änderte daran nichts. Kaiserliches Eingreifen stellte in der Stadt die kirchliche Ordnung wieder her, und Bonifatius, der schließlich von Kaiser Honorius unterstützt und anerkannt worden war, erbat vom Kaiser ein Reskript, das in Zukunft solche Doppelwahl verhindern sollte. Der Papst erinnerte den Kaiser an seine Sorgepflicht für die Kirche: „Die Sorge für meine Kirche zwingt mich, die Nöte der Kirche und die Bitten aller Bischöfe und Kleriker dem christlichen Herrscher vorzutragen ... Ihr sollt dafür sorgen, daß kein Unwetter hinfort ihre Ruhe stört" (Bonifatius an Honorius, im Jahre 420). Die Antwort des Kaisers – das erste „Papstwahlgesetz" – hat jedoch keine praktische Bedeutung erlangt. Innerkirchlich hat Bonifatius sein Amtsverständnis besonders an die Adresse der Ostkirchen zum Ausdruck gebracht. Auch ihnen wurde die These von der Grundlegung der Kirche in Petrus und dem Fortleben des Petrusprimates im Bischof von Rom vorgetragen. Streitfragen östlicher Kirchen und die Stellung des apostolischen Vikars in Thessalonich – im Jahre 412 durch Innozenz I. eingerichtet – boten Anlaß zu solchen Ausführungen. Die Argumentation lief in den bekannten Bahnen, fand jedoch immer wieder neue Formulierungen: der Papst als Nachfolger Petri trägt die Schlüsselgewalt (gratia ianitoris); wer sich gegen den Papst stellt, schließt sich vom Himmelreich aus. In der Vollmacht des Petrus entscheidet und bestimmt der Papst: „Niemand darf sich erkühnen, die Hand gegen den apostolischen Gipfel zu erheben, dessen Urteilsspruch auch niemand angreifen darf." Wenn der Papst in Thessalonich einen Vikar eingesetzt hatte, so war diesem als dem Stellvertreter des Nachfolgers Petri in gleicher Weise zu gehorchen. Gehorsam und Unterordnung galten nicht der Person, sondern dem Amt, in dem Petrus anwesend und wirksam war.

Der nächste Papst, Coelestin I., mußte zum christologischen Streit zwischen Cyrill von Alexandrien und Nestorius Stellung nehmen. Dabei konnte er die Lehrautorität des Nachfolgers Petri energisch betonen. Aber der Kaiser beugte sich nicht einfach dem römischen Spruch, sondern berief das Konzil von Ephesus 431 ein. Da galt zwar Cyrill als Vertreter des Papstes; aber er handelte doch in eigenem Interesse. Der römische Legat konnte dem Urteil des Cyrill nur zustimmen und es nachträglich mit der römischen Lehrautorität in Verbindung bringen, „denn Petrus, das Haupt der Apostel, die Säule des Glaubens und der Grundstein der Kirche, lebt und richtet für immer bis auf den heutigen Tag in seinem Nachfolger" (ACO I 1, 3). Auch hier war die Petrusnachfolge wieder unüberhörbar mit der paulinischen Sorge um alle Gemeinden verbunden worden (2 Kor 11, 28–29). Nicht weniger deutlich brachte Coelestin sein Amtsverständnis lateinischen Bischöfen gegenüber zum Ausdruck. „Wir sind von Gott auf die Wacht gestellt, daß wir zum Beweise unserer eifrigen Wachsamkeit beseitigen, was zu verbieten, und anordnen, was zu beobachten ist; diese geistige Fürsorge wird durch keine noch so weite Entfernung aufgehoben" (an die Bischöfe der viennensischen und narbonnensischen Provinzen, aus dem Jahr 428). In dieser Dekretale hob der Papst besonders auf die kirchliche Ämterlaufbahn und die klerikale Lebensführung ab. Die betonte Anweisung hatte ihr bestimmtes Ziel. Der Klerus ist zur Führung des Gottesvolkes bestimmt und hat dieser Aufgabe in allem gerecht zu werden: „Denn das Volk ist zu belehren, ihm darf man nicht folgen" (populus docendus, non sequendus est). In all diesen Äußerungen der Päpste wurde die römische Petrinologie formuliert und weiter entfaltet. So konnte sie in der Mitte des 5. Jahrhunderts großartig zusammengefaßt und für die Zeit der Alten Kirche zu einem Abschluß gebracht werden.

5. Papst Leo (440–461) und das Erbe des Petrus

„Das Lob des Herrn soll mein Mund verkünden, und seinen heiligen Namen mein Herz und meine Seele, mein Fleisch und meine Zunge preisen! Nicht Demut, sondern Undankbarkeit wäre es, wollte ich von den Gnaden schweigen, mit denen mich Gottes Güte bedacht hat. Nur recht und billig also ist es, daß ich als neugeweihter Hoherpriester (consecratus pontifex) mein Amt mit dem Opfer zum Lobe des Herrn beginne ..." Mit diesen Worten feierte der neugewählte Papst am 29. September 440 seine Berufung und Weihe. Die jährliche Wiederkehr des Weihetages war ihm jeweils Anlaß, über sein hohes Amt zu sprechen. Die Thematik blieb von der in der ersten Predigt angeklungenen Antithetik beherrscht: die Niedrigkeit der eigenen Person und die Erhabenheit des Amtes. Die Wahl und Weihe hoben das Elend und die Unfähigkeit auf, denn durch das Amt wurde er zu einer anderen Person: an Petri Stelle waltet er seines Amtes. Zum ersten Mal formulierte er den Papsttitel des „Stellvertreters Petri" (cuius vice fungimur). Die Stadt Rom konnte er deshalb glücklich preisen: auf ihrem Bischofssitz nimmt sie Petrus auf.

Leo zeichnete mit scharfen Strichen sein eigenes Petrusbild. All die schon bekannten Petrusprädikate – Erstapostel, Apostelfürst, der den Primat besitzt usw. – erhalten neue, präzise Füllung. Petrus ist wirklich Erster unter den Aposteln, nicht durch die Erstberufung, auch nicht als Erster unter Gleichen. Er ist vielmehr aus dem Kreis der Zwölf herausgenommen, ihnen vorgestellt oder weit über sie hinausgehoben. In seiner Sonderstellung ist er in unmittelbare Christusgemeinschaft gerückt (indeficiens consortium; Weihesermo V 4). Er ist zum Mittler zwischen Christus und den übrigen Aposteln geworden. Diese sind ihm zwar an Würde (dignitas) gleich; was Rang und Vollmacht (ordo et potestas) angeht, stehen sie jedoch unter ihm und partizipieren nur an seiner Macht.

Die Berufung in diese einzigartige Vorrangstellung sah Leo mit seinen Vorgängern in Mt 16, 18–19 (mit Lk 22, 32 und Joh 21, 17) ausgesprochen. Die Matthäus-Stelle wurde ihm zu einer Rechtsbestimmung (decreti huius constitutio; Weihesermo IV 3). Durch sie wurde Petrus zum Felsenfundament der Kirche bestellt. Freilich wußte der Papst, daß Christus der „unerschütterliche Fels, der Eckstein und das Fundament seiner Kirche" ist. Aber die Kraft Christi festigte Petrus so sehr, daß er der ganzen Vollmacht Christi teilhaft werden konnte. Für Leo waren danach die Kirche und die Herrschaft über sie in einem Augenblick grundgelegt. Die Grundlegung in und mit Petrus hat für den Bischof von Rom unmittelbare Folgen. Als Nachfolger Petri trägt er die Vollmacht des Erstapostels weiter. Das erklärte Leo – der „unwürdige Erbe des Petrus" – mit Hilfe des römischen Erbrechtes. Die einst dem Petrus durch besondere Gottesgnade geschenkte Erkenntnis Christi (Mt 16, 13–17) war und ist dessen eigenes Verdienst. Aber die in Mt 16, 18–19 dem Petrus übertragene Vollmacht – Fels der Kirche zu sein und als Schlüsselträger alles zu binden und zu lösen – bedeute amtliche Befugnis. Solches Amt und solche Aufgabe können an einen anderen Träger weitergegeben werden. Der Erblasser kann seine Rechte und Pflichten dem Erben hinterlassen, und dann setzt der Erbe dessen Rechtspersönlichkeit fort. Als Erbe des Petrus tritt deshalb der Nachfolger auf dem römischen Bischofsstuhl – der cathedra Petri – in alle Rechte und Pflichten des Petrus ein. Die Vorrangstellung des Petrus im Kreis der Apostel wiederholt sich in der Vorrangstellung seines Nachfolgers im Kreis der Bischöfe. Sie bleiben als Nachfolger der Apostel an Würde dem Nachfolger Petri gleich; an Rang und Vollmacht aber stehen sie unter ihm. Die „forma Petri", das „privilegium Petri" (Weihesermo IV 3) bleiben so für die Kirche in seinem Nachfolger gegenwärtig und wirksam. Die apostolische Nachfolge des Petrus erhielt auf diese Weise ihr eigenes Gewicht: über die Weihe hinaus, die den Bischof von Rom in die apostolische Nachfolge hineinrückt, ist sie Nachfolge in der Petrinität, die rechtliche und herrscherliche Vollmacht verleiht.

Des Petrus Sendung nach Rom und seine Tätigkeit dort wurden von Leo auch in klarerem Licht gesehen: „Als die zwölf Apostel durch den Heiligen Geist die Gabe erhalten hatten, in allen Sprachen zu reden, ... da wurde der hochselige Petrus, das Haupt der Apostel, für die Hochburg des römischen Reiches ausersehen. Das Licht der Welt, das zum Heil aller Völker enthüllt wurde, sollte gerade von der Hauptstadt aus über den ganzen Erdball verbreitet werden ..." (sermo 82, 3, zum Fest der Apostelfürsten). In die Hauptstadt der Welt gehört das Haupt der Apostel! Keineswegs wurde die römische Tätigkeit des Paulus von Papst Leo übersehen. Paulus wirkte neben und mit Petrus in der Stadt und starb mit ihm den Martyrertod. Der Rückblick in die ferne Geschichte der „ewigen Stadt" legte sich nahe: die beiden Apostel sind die besseren und segensreicheren Gründer Roms als die sagenhaften Brüder Romulus und Remus; die beiden Apostel sind Roms wahre Väter und wirkliche Hirten (ebd.). Die Roma aeterna ist dadurch zu einer neuen heiligen Stadt geworden. Und Leo sah auch die Folge: „Aus der ganzen Welt nimmt man Zuflucht zum Sitz des heiligen Petrus, und alle erwarten von uns die gleiche Liebe, die ihm vom Herrn für die ganze Kirche aufgegeben wurde" (Weihesermo V 2). Seine Hirtensorge schenkte der Papst vor allem der römischen Bevölkerung; vor ihr hat er in den Kirchen Roms gepredigt und ihr in einfacher Weise den christlichen Glauben verkündet. Ihr stand er auch in materieller Not zur Seite und erwies sich als Defensor und Patronus des Volkes. Sein besorgtes Auftreten vor dem Hunnenkönig Attila im Jahre 452 – übrigens als Teilnehmer einer kaiserlichen Gesandtschaft! – war zwar erfolglos; als Geiserich drei Jahre später mit seinen Vandalen nach Rom zog, konnte der Papst wenigstens erreichen, daß beim Sturm auf die Stadt nicht gemordet und gebrandschatzt wurde.

Theorie und Praxis in der römischen Petrinologie fielen in jenen entscheidenden Jahrzehnten seit Damasus meist weit auseinander. Die Theorie war lateinisch gedacht und formuliert. Damit war sie zunächst auf den lateinischen Kirchenraum ausgerichtet. Hier hatte Leo die peinliche Auseinandersetzung mit Hilarius von Arles, der in Gallien besondere geistliche Vollmacht beanspruchte, zu bestehen. Aber alles, was in Rom über Petrus und seinen Nachfolger gesagt wurde, war eigentlich mit dem Blick nach Osten gesprochen worden. Dort aber kam die fordernde Botschaft nicht an. Die Schmach, die Papst Leo auf der „Räubersynode" von Ephesus erleiden mußte, wurde zwar in Chalcedon wiedergutgemacht. Hier wurde seine Epistula dogmatica ernst genommen und gefeiert: „Das ist der Glaube der Väter. Durch Leo hat Petrus gesprochen. So haben die Apostel gelehrt." Aber das gleiche Konzil verabschiedete auch den Kanon 28, der den Ehrenprimat des Bischofs von Konstantinopel in kirchlichen Vorrang und wirkliche Hoheitsstellung verwandelte. Der Bischof von Konstantinopel erhielt sein eigenes Kirchengebiet. Und die Begründung war wieder jener alte Verweis auf die politische Ordnung. Das neue Rom, die durch Herrschaft und Senat geehrte Stadt, sollte einen kirchlichen Primat besitzen, wie ihn das alte Rom besaß. Papst Leo hat diesen Kanon zurückgewiesen. Dieser hatte für ihn genau jene Platzanweisung bestimmt, die Rom in den Augen der östlichen Kirchen zukam: es war das Reichspatriarchat des Westens!

6. Kaiser und Papst

Die römischen Petrusnachfolger hatten die Kaiser neben und über sich. Sie zeigten ihnen ihre Wahl zum Bischof von Rom an und hatten seit 453 ihren „Gesandten" (Apokrisiar) am Hof in

Byzanz. In prekärer Lage riefen sie um seine Hilfe und forderten auch sein Einschreiten für die Sache der Kirche und des Glaubens. Als „Schützer des Glaubens“ (custos fidei) sprach Leo besonders gern den Kaiser an. Er gestand ihm sogar „priesterliche und apostolische Gesinnung“ zu. In dieser Gesinnung und in seiner Schützerrolle sollte der Kaiser die Externa der Kirche zu seiner Aufgabe machen: Ketzer in die Verbannung schikken, irrgläubige Kleriker absetzen, Konzilsentscheidungen Rechtskraft verleihen usw. Die Konstantinische Vorstellung vom Kaiser als dem „Bischof des Äußeren“ war durchaus erhalten geblieben. Die Schwächung des westlichen Kaisertums und sein Untergehen im Jahre 476 rückten die kaiserliche Autorität in die Ferne. In Italien herrschten germanische Heerführer: Odoaker (476–493) und Theoderich der Große (493–526). Die Päpste blieben in ihrer Sorge um Italien auf sich selbst gestellt. In den östlichen Kirchen wurde das Bekenntnis von Chalcedon zum Streitfall wie einst jenes von Nizäa. Der Kaiser, der „custos fidei“, griff wieder energisch in die Glaubenslehre ein. Die Päpste protestierten dagegen: „Die heiligen Mysterien habt Ihr nicht zu lehren, sondern von ihren Verwaltern zu erlernen“, schrieb Felix II. (483–492) an den Kaiser. In dieser heiklen Lage mußte das Verhältnis von Kaiser und Kirche geklärt werden. Papst Gelasius I. (492–496) formulierte die wichtigste altkirchliche Aussage. „Er war vielleicht der römischste aller Päpste des 5. Jahrhunderts: Römischer Geist, römische Denkart, römischer Stolz und römischer Traditionalismus im Verein mit praktischer römischer Jurisprudenz verleihen Gelasius seine Identität“ (W. Ullmann). Im Jahre 494 schrieb er an Kaiser Anastasius I. (491–518), und er schrieb als „Nachfolger Petri“, der in der Lenkung (gubernatio) der Christengemeinschaft seine vornehmste Aufgabe sah: „Zwei sind es nämlich, erhabener Kaiser, durch die die oberste Stelle dieser Welt regiert wird: die geheiligte Autorität der Bischöfe und die kaiserliche Gewalt. Von diesen beiden ist die Last der Priester um so schwerer, da sie auch selbst für die Könige der Menschen vor Gottes Gericht Rechenschaft abzulegen haben. Denn Ihr wißt es, allergnädigster Sohn, Ihr überragt wohl an Würde das ganze Menschengeschlecht, dennoch beugt Ihr fromm den Nacken vor den Amtswaltern der göttlichen Dinge und erwartet von ihnen die Mittel zum Seelenheil ..." (Ep. 12).

Die römisch-christliche Welt wird von zwei Gewalten regiert: auctoritas sacrata pontificum und regalis potestas. Die „geheiligte Autorität" verleiht dem Papst den Führungsanspruch: sie bürdet ihm aber auch schwere Verantwortung auf. Das biblische „Gib Rechenschaft von deiner Verwaltung" (Mt 12, 36) bezieht sich auf seinen herrscherlichen Dienst. Ergänzend zur päpstlichen Autorität tritt die kaiserliche Macht. Sie kann nicht frei und willkürlich tätig werden. Ihr Träger ist Sohn der Kirche, und seine Herrschermacht ist göttliches Geschenk. Seine Herrschaft erstreckt sich auf die irdischen Dinge. Diese sind aber nicht um ihrer selbst willen da, sondern sind dem überirdischen Ziel untergeordnet. Auch das führt zum höheren Rang und Wert der geistlichen Autorität. Die „beiden Gewalten" sollten also nicht feindlich gegeneinanderstehen. In der von Ganzheit und Einheit bestimmten Weltschau sollten sie friedvoll zusammenwirken, um die eine Welt zu regieren. In diesem friedvollen Miteinander gehörte zwar auf Grund der geistlichen Verantwortung dem Papst der höhere Rang; aber beide Gewalten hatten ihre eigenen Bereiche: „Die christlichen Kaiser bedürfen für ihr ewiges Heil der Bischöfe, und die Bischöfe fügen sich für den Gang der irdischen Dinge den kaiserlichen Anordnungen." „Was die Religion angeht, so steht die kirchliche Entscheidung nach den Kanones ausschließlich dem apostolischen Stuhl zu. Die weltliche Macht muß von den Bischöfen und besonders vom Vikar des seligen Petrus die göttlichen Dinge lernen, nicht aber über diese richten wollen" (An den Legaten Faustus).

Papst Gelasius hat in seinen grundlegenden Ausführungen geschickt die Formulierungen seiner Vorgänger zusammengetragen und sie auf das Verhältnis von Kaiser und Papst abgestimmt. Dabei war es ihm nicht um eine theoretische Abhandlung gegangen, sondern um notwendige Klärung anstehender Fragen. Zur Theorie über die „zwei Gewalten" wurde seine

Festlegung erst im Mittelalter. Im Oströmischen Reich legte wenige Jahrzehnte später Kaiser Justinian das Verhältnis von Kaiser und Papst in anderer Weise fest: „Die größten Geschenke, die Gott in seiner unendlichen Güte den Menschen gegeben hat, sind das sacerdotium und das imperium. Das sacerdotium sorgt für die göttlichen Belange; das imperium für die menschlichen, über die es die Oberaufsicht hat. Alle beiden entströmen einem gleichen Prinzip und führen das Menschenleben zu seiner Vollendung. Aus diesem Grund liegt den Herrschern nichts mehr am Herzen als die Ehre der Priester, denn diese beten unaufhörlich zu Gott für sie. Wenn die Geistlichkeit gerechten Sinnes ist und sich ganz Gott anvertraut, wenn der Herrscher den Staat regiert, der ihm anvertraut ist, dann ergibt sich daraus eine für das Menschengeschlecht ungemein nützliche Harmonie. So gilt also Unsere erste Sorge den wahren göttlichen Lehren und der Ehre der Geistlichkeit" (6. Novelle vom 6. März 535). Die byzantinische Kirchengeschichte bleibt von dieser Aufteilung und Zuordnung der beiden Gewalten bestimmt. Die vom Kaiser beanspruchte „erste Sorge" führte dort zur „politischen Orthodoxie" (H. G. Beck), die einer kirchlichen Selbständigkeit und dogmatischen Freiheit immer enge Grenzen setzte. Dem westlichen Reichspatriarchen war die Zeit günstiger. Aber er brach aus dem alten Reichskonzept nicht aus und anerkannte den Kaiser in Byzanz als Erben und Sachwalter des ganzen Römerreiches, auch wenn er wenig Verständnis und Hilfe erfuhr. Papst Gregor der Große (590–604), der von der römischen Petrinologie nicht weniger erfüllt war als seine Vorgänger, der in rühriger Hirtensorge auch die pastorale Sendung des Petrusamtes wahrnahm, stand zur wenig hilfreichen Bindung an Byzanz und folgte ihr in „leidendem Gehorsam".

Chronologische Zusammenfassung:

ca. 64	Martyrium des Petrus und Paulus in Rom (?)
ca. 100	Erstes literarisches Zeugnis für einen Aufenthalt des Apostels Petrus in Rom
ca. 200	Gaius von Rom: Petrusgrab

254–257	Ketzertaufstreit: Stephan von Rom und Cyprian von Karthago
314	Synode von Arles
325	Konzil von Nizäa, Kanon 6
337–352	Julius I. von Rom
343	Konzil von Serdika
366–384	Damasus von Rom
381	Konzil von Konstantinopel, Kanon 3
382–384	Hieronymus in Rom, Beginn der Bibelrevision
382	Römische Synode
384–399	Siricius von Rom, erste päpstliche Dekretale
402–417	Innozenz I. von Rom
440–461	Leo I. von Rom
451	Konzil von Chalcedon, Kanon 28
492–496	Gelasius I. von Rom
590–604	Gregor I. von Rom

VII. CHRISTLICHES LEBEN IN DER REICHSKATHOLISCHEN KIRCHE

Erhebe dich, o Mensch, und erkenne die Würde deiner Natur. Erinnere dich, daß du nach dem Bild Gottes geschaffen bist, das, obwohl in Adam verdorben, in Christus wiederhergestellt wurde.
(Leo der Große, Sermo 27, 6)

Als die christliche Religion im Jahre 311 von Kaiser Galerius anerkannt wurde, war sie noch die Religion einer Minderheit. Alle Berechnungen sind zwar unsicher, die Präsenz der christlichen Kirche war im ganzen Reich auch sehr unterschiedlich; ein Fünftel bis ein Viertel der Reichsbevölkerung mag sich zum christlichen Glauben bekannt haben. Dank ihrer kirchlichen Organisation und durch das Überleben der großen Verfolgungen war die Minderheitenreligion jedoch zu Ansehen und Beachtung gekommen, die weit über ihre statistische Anwesenheit hinausging. Mit der Ära Kaiser Konstantins setzte jene Entwicklung ein, die dieses Mißverhältnis überwand. Er hat sich dafür entschieden, in der christlichen Religion die dem Römerreich bevorzugt nützliche Religion zu sehen. Christsein bedeutete politisch keinerlei Gefahr mehr, im Gegenteil, der Christ stand an der Seite des Kaisers. Konstantins Entscheidung hat sicher eine neue Epoche in der Kirchengeschichte eingeleitet; aber es war keineswegs so, daß man – in Abwandlung des bekannten Hieronymuswortes – von seiner Zeit sagen könnte: Das Römerreich erwachte und stellte mit Verwunderung fest, daß es christlich geworden war. Offiziell verstand sich das Römerreich erst seit Ende des 4. Jahrhunderts als christliches Reich. Wie schon gezeigt, decken sich durch die theodosianische Gesetzgebung christliches Kirchenvolk und römisches Reichsvolk.

Das war eine verwirrend schnelle Entwicklung. In der Mitte des 3. Jahrhunderts hatte zwar schon Origenes die besorgte Frage aufgegriffen, was wohl geschähe, wenn alle Römer die christliche Religion annähmen? Und er wußte einiges zu antworten: Die Einheit des Reiches könnte vollendet, der Friede nach innen und außen könnte gesichert werden. Aber er mußte hinzufügen, daß eine solche Gemeinschaft wohl doch unmöglich unter Menschen ist, die noch mit dem Erdenleib umkleidet sind (Contra Celsum VIII 63–70). Mutiger hatte schon vor ihm Tertullian den römischen Kaiser für die Christen beansprucht: „Unser ist der Kaiser, denn von unserem Gott ist er eingesetzt" (Apologeticum 33, 1). Was Origenes sich nur im Traum vorstellte, für diese Erdenzeit aber zurückweisen mußte, was Tertullian kühn beansprucht hatte, das war im 4. Jahrhundert doch Wirklichkeit geworden. Die neue Wirklichkeit legte dem christlichen Kaiser – Herr oder Sohn der Kirche – Rechte und Pflichten auf. Sie eröffnete der Kirche selbst und jeder christlichen Gemeinde neue Möglichkeiten, aber bürdete ihr auch die Last der missionarischen und pastoralen Sorge für alle Menschen auf.

1. Mission und Katechese

Die missionarische Aufgabe

Die frühchristliche Großkirche hatte die Mission in die Hand ihrer Bischöfe gelegt. Unterweisung und Einführung ins Christenleben waren Sache der Gemeinde, geordnet und organisiert im Katechumenat. Das blieb im 4. Jahrhundert erhalten; zum Katechumenat kamen nun die Taufbewerber in großen Scharen. Aber neben diese gemeindliche Missionsarbeit trat die kaiserliche Sorge um die Ausbreitung des Glaubens, in der die religiöse Bekehrung und die politische Eingliederung in das Reich zusammengehören. Schon Konstantin schrieb an den Perserkönig Schafur, er möge die Christen in seinem Reich schützen, denn „dann werde der Herr der Welt auch zu ihm mild, gnädig und liebevoll sein" (Vita Constantini IV 13). Christus, den Konstantin als den stärkeren Gott erfahren hat, soll auch jenseits der Grenzen des Römischen Reiches so erfahren werden. Die benachbarten Reiche können auf der Ebene der einen Religion an das Römerreich angebunden werden. Das wurde bewußt bei den Germanen an der unteren Donau und an der Schwarzmeerküste versucht. Sie hatten wohl vor der politischen Kontaktaufnahme – im Jahre 332 schloß Kaiser Konstantin mit den Westgoten ein Bündnis – in Einzelbegegnungen zum Christentum gefunden. Aus diesem Volk kam Wulfila (Ulfila), der bekannte Übersetzer der Bibel ins Gotische. Eusebius von Nikomedien weihte ihn um 341 zum Bischof. Sein Volk nahm das Christentum in arianischer Form an, eben jenes Bekenntnis, das ihm am kaiserlichen Hof in Konstantinopel und bei den Hofbischöfen begegnete. Arianische Goten setzten sich dann auch im Westen des Reiches fest; die Vandalen kamen als Arianer nach Nordafrika. Diese „gotische Religion" wirkte sich nun freilich nicht als einigendes Band im Römischen Reich aus, sondern setzte neue Schranken und störte die Reichseinheit. Andere Germanenstämme fanden durch die Föderation zum nizänischen Glauben. Auch hier war die politische Entscheidung mit dem Bekenntnis zu Christus verbunden. Die Bekehrung des Föderatenfürsten führte zur Bekehrung seines Volkes. Solche Kollektivbekehrungen gab es bei den Burgundern, unter den Franken und Sueben (Ende des 5. Jahrhunderts). Mit dem Anschluß an das Römerreich wurde man christlich; welche christliche Konfession angenommen wurde, war zweitrangig.

Mission mußte nicht nur an den Grenzen und unter den neuen Reichsvölkern betrieben werden; sie war im 4. Jahrhundert dringende Aufgabe auch innerhalb der alten Reichsgebiete und Reichsbevölkerung. Das galt für den Osten wie für den Westen. Hier standen die Gemeinden und ihre Bischöfe im Dienst der Verkündigung. Einzelpersönlichkeiten traten als Missionare auf; sie kamen nicht selten aus dem Mönchtum. Im fernen Syrien bekehrte der Säulensteher Symeon (gestorben 459) einen Araberstamm von seiner Säule herab! Die Mission ging von der Stadt auf das flache Land. Was Sulpicius Severus im Leben des Mönchsbischofs Martin von Tours (gestorben 397) exemplarisch darstellte, war nicht ganz einmalig. Der noch heidnischen Landbevölkerung wurde recht eindringlich Christus als der stärkere Gott vorgestellt. In „frommem Vandalismus“ wurden Tempel und Götterbilder zerstört. Die katechetische Unterweisung folgte nach und sah sich vor hohe Aufgaben gestellt. Das geschah im Katechumenat.

Die Katechese

Die reichskatholische Kirche hielt an diesem Institut fest, das allerdings jetzt vor neue Anforderungen gestellt wurde. Der Weg zur Taufe kann nach Augustins Schrift über die katechetische Unterweisung (de catechizandis rudibus, geschrieben 399/400) vorgestellt werden. Der Taufbewerber meldet sich mit seinem Bürgen beim Bischof. Dieser erkundigt sich über das Vorleben und vor allem über das Motiv der Bekehrung. Hier soll der Bischof oder auch der zuständige Priester oder Diakon schon aufklärend nachhelfen, damit das rechte Motiv für den Eintritt in die Kirche entscheidend ist; das Ergebnis des kirchlichen Bemühens soll ja ein Christ und nicht bloß ein „Scheinchrist“ sein (ebd. 5, 9; 17, 26 u. a.). Dann folgt eine grundlegende Belehrung über den christlichen Glauben. Der bisher im Glauben Ununterrichtete (rudis!) soll das Unerläßliche davon erfahren: Die Heilsgeschichte, Auferstehung der Toten, Lohn und Strafe im Jenseits, Glaube an den dreifaltigen Gott; auch über die Gefahren für ein christliches Leben in dieser Welt muß er unterrichtet werden. Nach dieser Elementarunterweisung, die nur noch durch die Predigt im Gottesdienst erweitert und ergänzt werden konnte, wurde der Taufbewerber gefragt, ob er daran glauben und ob er sich in seinem Leben danach richten wolle (26, 50). Bejahte er dies, so wurde er in das Katechumenat aufgenommen. Das konnte ursprünglich bis zu drei Jahren dauern. Der Katechumene wurde weiter stückweise im Glauben unterwiesen; er wurde beobachtet, langsam sollte er in das christliche Leben hineinwachsen. Die Gemeinde nahm unmittelbar Anteil am

Heranwachsen ihrer neuen Mitglieder. Das änderte sich jetzt mit der größeren Zahl der Katechumenen.

Von einer genau abgegrenzten Katechumenatszeit erfahren wir bei Augustinus nichts mehr. Seine eigene Biographie zeigt nur, wie jene Schule der Einführung und Prüfung zerfällt. Seine fromme Mutter Monika hatte ihn als Kind zum Katechumenat angemeldet: Er wurde mit dem Zeichen des Kreuzes Christi bezeichnet und mit seinem Salz geweiht (Conf. I 11); das ist der rituelle Beginn des Katechumenats, von dem Augustinus auch noch in der ›Katechetischen Unterweisung‹ spricht. Aber dann geschah mit dem Kind nichts mehr. Der Taufaufschub und die lang andauernde Katechumenatszeit wurden zur weitverbreiteten Praxis. Augustinus erzählt von der spektakulären Bekehrung des Philosophen Marius Victorinus in Rom (um 355). Der hochangesehene Mann offenbarte eines Tages seinem geistlichen Lehrer, er sei schon Christ. Aber dieser entgegnete ihm: „Das mag ich nicht glauben, und kann dich nicht als Christen unter Christen zählen, solange ich dich nicht in der Kirche Christi sehe." Da fragt der Philosoph zurück: „So sind es also die Kirchenwände, die den Christen machen?" (Conf. VIII 2, 4). Das ist sicher ein Einzelfall; aber er darf in der Weise verallgemeinert werden, daß der Drang zur vollen Eingliederung in die kirchliche Gemeinschaft so unwiderstehlich nicht war. Die Predigt drängte deshalb nicht auf die lange, sorgfältige Prüfungszeit, sondern eher auf ihr Ende und den mutigen Schritt zur Taufe. Mit dem Entschluß zur Taufe reihte sich der Katechumene unter die „Kompetenten" ein. Als Kompetent – auch dieses Vorbereitungsstadium hat sich aus dem älteren Katechumenat erhalten – wurde er zum eigentlichen, öffentlich bekannten und anerkannten Taufbewerber. Die Kompetentenzeit wurde in die österliche Vorbereitungszeit gelegt. Sie war liturgisch hochqualifizierte Zeit und erhielt als unmittelbare Vorbereitung auf die Taufe neue Bedeutung. Die Unterweisung der Taufbewerber wurde intensiviert: Die Predigt nahm die eigene Form des „sermo ad competentes" an. Der Ernst der Bekehrung mußte sich deutlich im Leben zeigen: „Glaube und Werke" sollten schon jetzt in ihrer unlösbaren Verbindung sichtbar werden. Die Unterweisung wurde begleitet von ritueller Reinigung und behutsamer Prüfung. „Catechizantes exorcisantur, scrutantur", damit wurde die Betreuung der Kompetenten unmittelbar vor der Taufe zusammengefaßt. Bevorzugter Tauftermin blieb die Osternacht. Ein schönes Zeugnis intensiver Taufvorbereitung und Einführung in das Christenleben hinterließ der Bischof Cyrill von Jerusalem mit seinen Taufkatechesen aus den Jahren 348/50.

Die altkirchliche Katechese war ganz auf den erwachsenen Taufbewerber ausgerichtet und von ihrem Ursprung her als Individualkatechese angelegt. Die veränderte kirchliche Situation seit dem späten 4. Jahrhundert überforderte das altkirchliche Institut. Die Praxis der Kindertaufe stellte es vollends in Frage. Allerdings setzten die Gemeinden nun keineswegs eine eigene Kinderkatechese an dessen Stelle. Dafür gab es nur den ernsten Appell einer häuslichen Unterrichtung und Einführung. Dem Hausvater (pater familias) wurde dabei sogar „eine kirchliche und gleichsam bischöfliche Aufgabe" zugewiesen.

2. Christliche Unterweisung

Die Predigt

Die Kirche mußte jetzt mit der Umkehrung jenes bekannten Satzes des Tertullian fertig werden, daß man Christ durch das Leben wird, nicht durch die Geburt. Die Predigt wurde zur lebenslangen Unterweisung in Glaube und Leben. Sie hat im sonntäglichen Gottesdienst ihren Platz; aber auch zu anderen Zeiten wurde das Volk Gottes zur Predigt gerufen; das geschah besonders wieder in der österlichen Vorbereitungszeit. Lange Predigten wurden in dieser Zeit gehalten. Die Auslegung des biblischen Schöpfungsberichtes war ein beliebtes Thema solcher „Fastenpredigten". Wir kennen die Predigten zum Hexaemeron von vielen Kirchenvätern, z. B. Basilius von Caesarea und Ambrosius von Mailand. Der Prediger konnte sein philosophisches und naturwissenschaftliches Wissen ausbreiten. Die Heilige Schrift wurde zum Bildungsbuch des Kirchenvolkes. Aber auch andere Themen wurden für solche Predigten aufgegriffen: Augustinus trug seine großen Psalmenerklärungen zum Teil in der Fastenzeit vor (Enarrationes in Psalmos; um 418 abgeschlossen). Gregor von Nyssa wagte sich aus dem gleichen Anlaß sogar an eine Erklärung des Hohenliedes. Wenn an die altkirchliche Predigt erinnert wird, muß Johannes Chrysostomus (344/54–407) genannt werden. Mehr als zehn Jahre wirkte er als „Domprediger" in Antiochien, und von 397 bis 407 predigte er als Bischof der Reichshauptstadt, wo er von Amts wegen zum Hofprediger wurde. Sein bevorzugtes Thema war die Auslegung der Heiligen Schrift, die er in ungemein geschickter Weise für das Christenleben seiner Zeit praktisch zu erklären wußte. Der gesellschaftliche Bezug ist unüberhörbar. Als im Jahr 387 bei einem Volksaufruhr in Antiochien die kaiserlichen Bildsäulen umgestürzt wurden, beruhigte er die Erregten und die Beleidigten in einer eigenen Predigtreihe (21 sog. ›Säulenhomilien‹). Beliebtes Thema der reichskatholischen Predigt war die Verherrlichung der Martyrer. „Wo ist ein Freund der Märtyrer, der ihrer genug und übergenug gedenken könnte, wo doch die Ehrung der guten Mitknechte die fromme Gesinnung gegen den gemeinsamen Herrn beweist! Denn klar ist: Wer die edlen Männer ehrt, wird in gleicher Lage sie nachzuahmen nicht vergessen" (Basilius, in XL Mart. 1). Die Heiligenpredigt konnte an gute alte Tradition anknüpfen: Das Beispiel hervorragender Größe soll zur Nachahmung anregen. Und gleichzeitig konnten Ideale, die in der antiken Welt verbreitet waren, überboten werden: „Was bleibt von Venus übrig gegenüber dem jungen Mädchen Agnes? Was von Herkules gegenüber einem steinalten, am ganzen Leibe zitternden Christen? Herkules besiegte Cacus, Herkules besiegte den Löwen, Herkules besiegte den Höllenhund Cerberus, aber Fructuosus besiegte die ganze Welt und das Mädchen Agnes den Teufel!" (Augustinus, sermo 273, 6).

Die Predigt wollte aus den Christen Gläubige machen. Christ (Christianus) wurde man, je mehr die Christianisierung des Reiches fortschritt, ohne großes Aufheben. Aber zum Gläubigen (fidelis) zu werden, blieb Aufgabe des Christen. Bedeutsam sagt

Augustinus von seinem Landsmann Ponticianus, er sei Christ und Gläubiger gewesen (Conf. VIII 6). Hilarius von Poitiers nannte die Kirche anspruchsvoll „concors coetus fidelium". Die Predigt appellierte deshalb ständig an die Bekehrung der Zuhörer. „Ich ermahne euch feierlich, ich gebiete, ich befehle euch. Der Bischof befiehlt, Christus befiehlt durch mich" (Augustinus, sermo 392, 4–6). Sie mußte den Glauben verkünden, sie wollte zum ewigen Leben führen. Aber sie ließ deutlich erkennen, daß der Glaube hier gelebt werden sollte, daß es die irdischen Wege sind, die zum jenseitigen Leben führen. Deshalb griff die Predigt nach allen Bereichen dieses Lebens; sie war überraschend praktisch, freilich auch endlos moralisierend. Die Predigt belehrte über das Ehe- und Familienleben. Sie forderte Gerechtigkeit im öffentlichen Leben und Ehrlichkeit im Geschäftsleben. Sie schimpfte gegen den Theaterbesuch und räsonierte über Modetorheiten. Ungemein ernst und ansprechend wurde sie, wo sie sich zum Anwalt der Armen und kleinen Leute machte und den Luxus der Reichen geißelte. „Arm und reich" sind ein bevorzugtes Thema der reichskatholischen Predigt.

„Du, Reicher, hältst alles hinter Tür und Riegel verschlossen, verwahrst es versiegelt, kommst aber vor lauter Unruhe nicht zum Schlaf. Du hörst auf dein Herz, diesen törichten Berater, und überlegst: Was soll ich tun? Wie einfach wäre die Antwort: Ich will die Hungrigen sättigen, ich will meine Schreine öffnen und alle Notleidenden herbeirufen. Ich will Joseph (von Ägypten) nachahmen und öffentlich meine Nächstenliebe verkünden und großmütig sagen: Kommt alle zu mir, die ihr kein Brot habt; ihr alle sollt teilhaben an den Gaben, die Gott mir in überreichem Maß hat zukommen lassen. Kommt und schöpft wie an einer öffentlichen Quelle. Aber du hast diese Güte nicht . . ." (Basilius, 6. Homilie gegen den Reichtum).

„Warum verwendet ihr Gold und Silber in so auffallender Weise? Weil dadurch eure Achtung steigt, wollt ihr sagen? Habt ihr denn nicht gehört, daß Reichtum nicht den Glanz des Menschen ausmacht, sondern daß er ihm vielmehr Ehrlosigkeit, Vorwürfe, Anklagen bereitet und ihn lächerlich macht, ihm auch

Neid verursacht und Übel ohne Zahl. Diese herrlichen großartigen Wohnungen sind unversöhnliche Ankläger, die bitter ihre anklagende Stimme erheben, auch wenn der Besitzer schon lange tot ist. Der tote Körper ist bereits der Erde übergeben, aber der Anblick der stolzen Gebäude läßt mit dem Körper nicht auch die Erinnerung an die Habgier mit ins Grab steigen ..." (Johannes Chrysostomus, Homilie 2).

„Wie weit wollt ihr Reichen eure törichten Gelübde treiben? Wollt ihr allein die Erde bewohnen? Warum verstoßt ihr den, der die gleiche Natur hat wie ihr? Warum nehmt ihr den Besitz eures Mitmenschen für euch in Anspruch? Die Erde ist für alle gemeinsam da, für die Reichen und für die Armen. O ihr Reichen, warum maßt ihr euch allein das Recht auf Eigentum an? Die Natur kennt keine Reichen. Sie bringt alle gleich arm zur Welt. Nicht mit Kleidern, nicht mit Gold und Silber werden wir doch geboren. Nackt bringt uns die Erde hervor, ohne Kleidung, ohne Nahrung, ohne Trank. Nackt nimmt uns auch die Erde wieder auf ..." (Ambrosius, de Nabuthae 1, 2).

Mühelos lassen sich solche Sätze aus den Predigten der großen Bischöfe auflesen. Sie formulierten ernste Sozialkritik. Es ging zwar nicht um den gesellschaftlichen Umsturz, aber um ernste Gewissensschulung unter dem Anruf des Evangeliums. Da ist Armut nicht einfach unwiderrufliches Schicksal. Der Arme verdient Achtung, Mitleid und wirkliche Hilfe. Der Reiche hört von seiner Verantwortung. Was er hat, ist nur Leihgabe, von Gott gegeben, um damit zu helfen und irdische Not zu lindern. Solche soziale Belehrung gehörte fest ins Repertoire der reichskatholischen Predigt. Auch wenn in den Ausführungen ein gewisses Maß Rhetorik mitschwingt, kann man ihnen Ernst und Verantwortung nicht absprechen. Keineswegs blieb die kirchliche Unterweisung dabei nur beim vorgetragenen oder geschriebenen Appell. Vom kirchlichen Besitz wurde ausgiebige Armenfürsorge geleistet; praktische Vorschläge kamen auf den Tisch: Basilius von Caesarea warb für eine Art Armensteuer, die auf jede Erbschaft geschlagen werden sollte (Homilie 8, 8); Johannes Chrysostomus meinte, die Reichen und Begüterten von Antiochien könnten ohne Schwierigkeiten von ihrem Überfluß die Armen der Stadt versorgen (Homilie in Mt 66, 3); in Konstantinopel schlug er vor, das Problem der Stadtarmen dadurch zu lösen, daß der Überfluß des privaten Reichtums zur Verfügung gestellt werde (Homilie in Act. 11, 3). Vor den Toren Caesareas gründete Basilius eine Armensiedlung, in der Arme, Kranke und Fremde aufgenommen, unterstützt wurden und Arbeit finden konnten (Ep. 94; 142–144). Neben die Bischöfe und die Kirchengemeinden traten reiche Privatleute, die aus ihren Mitteln solche Werke praktischer Fürsorge errichteten und unterhielten. Der asketische Besitzverzicht, mag er auch wirtschaftliche und steuerliche Entlastung mit sich gebracht haben, schlug sich zugunsten wirklicher sozialer Hilfe nieder.

Was erreichten diese Einzeltaten? Wie kamen die endlosen Appelle an? Sicher konnten sie unmittelbare Not lindern, auch im großen Stil helfen und das Empfinden für christliche Nächstenliebe wecken. Eine neue Gesellschaft wurde dadurch nicht geschaffen. Die bitteren Klagen eines Salvianus von Marseille (ca. 400–480) sind nicht nur böse Schwarzweißmalerei.

Individuelle Belehrung

Die Unterweisung durch die Predigt traf auf die in den Basiliken versammelten Gemeinden. Aber die Seelsorge kümmerte sich auch um den einzelnen Christen. Die bekannten Prediger der reichskatholischen Kirche – gute dreißig nur sind uns heute aus ihren Predigten noch bekannt – wandten sich auch intensiv der Individualseelsorge zu. Was sie in Briefen niedergelegt haben, ist teilweise erhalten geblieben. Die umfangreiche Korrespondenz des Basilius von Caesarea enthält etliche Stücke dieses Genres. An die Patrizierin Caesaria schrieb er über den täglichen Kommunionempfang, den er in ihrem Fall gutheißt, wenn er selbst auch nur viermal in der Woche kommuniziert (Ep. 93). Ein befreundetes Ehepaar tröstete er über den Verlust ihres Kindes (Ep. 15–16); einem zufällig getroffenen Soldaten schrieb er: „Wir kennen einen Mann, der uns die große Möglichkeit gezeigt hat, im Militärleben die große vollkommene

Gottesliebe zu bewahren und die Pflicht, einen Christen nicht nach seinem Kleid, sondern nach den Gesinnungen seiner Seele zu beurteilen“ (Ep. 106). Seelsorgebriefe schrieben auch Gregor von Nazianz, Johannes Chrysostomus und viele andere Lehrer und Bischöfe der östlichen Kirche. Unter den Lateinern steht der leidenschaftliche Briefschreiber Hieronymus an erster Stelle. Er tröstete die Trauernden beim Tod eines Angehörigen: „Wir wollen nicht darüber trauern, daß wir sie (Paula) verloren haben, sondern wollen dankbar dafür sein, daß wir sie gehabt haben, ja auch jetzt noch besitzen. Denn alles lebt für Gott, und was auch immer heimkehrt zum Herrn, wird noch mit zur Familie gerechnet“ (Ep. 108, 1). Er gab Ratschläge zur Berufs- und Standeswahl (z. B. Ep. 52 an Nepotian, 58 an Paulinus, 125 an Rusticus). Er belehrte Eltern über die Erziehung ihrer Kinder (Ep. 107; 128). Er gab Aufschluß über schwierige Bibelstellen, Anleitung zum Studium (Ep. 33 an Paula; 37 an Marcella), zum rechten Übersetzen (Ep. 57 an Pammachius) und ermahnte immer wieder zur christlichen Jungfräulichkeit: Brief 22 an Eustochium, der zu einem eigenen Traktat wurde. Auch Augustinus hat den Brief als seelsorgerliches Mittel eingesetzt. Dem Comes Bonifatius legte er einen ausführlichen Entwurf rechten Christenlebens in dieser Welt vor: „Ich weiß zwar, daß du dich dieser Tugenden befleißigst, und freue mich sehr über deinen guten Ruf. Ich wünsche dir dazu von Herzen Glück. Deshalb ist ja dieser Brief für dich eher ein Spiegel, in dem du sehen kannst, wie du aussiehst, als eine Belehrung, wie du sein sollst. Wenn du in diesem Brief oder in den heiligen Schriften jedoch etwas findest, was dir zum guten Leben mangelt, so bemühe dich tatkräftig, danach zu streben und es durch Gebet zu erlangen. Für das aber, was du hast, danke Gott als der Quelle alles Guten, aus der es dir geflossen ist ...“ (Ep. 189, 8; vgl. Brief 220). Der römischen Witwe Proba schrieb er ausführlich nach der Eroberung Roms durch Alarich im Jahre 410 über die Vergänglichkeit der Welt (Ep. 130). Geduldig gab er dem ängstlichen Januarius Antwort auf Fragen zum kirchlichen Leben (Ep. 54–55). Die überfromme Dame Ecdicia erinnerte er energisch an ihre Pflichten als Gattin und Mutter (Ep. 262), usw.

Ambrosius von Mailand und besonders Paulinus von Nola (ca. 353–431) gehören ebenso zu diesen geistlichen Briefschreibern. Aus solchen Briefen läßt sich ein anspruchsvolleres Christenleben heraushören. Das peinliche Räsonieren und die aufgeputzte Rhetorik der Predigt sind hier weithin beiseite gelassen. Der besorgte Seelsorger spricht zu suchenden und fragenden Christenmenschen. Der „geistliche Brief" aus der reichskatholischen Kirche offenbart einen feinen christlichen Humanismus – die Briefschreiber wissen sich auszudrücken, der Adressat wird ernst genommen, mit Rücksicht und Bestimmtheit geführt –, der das Christentum auch jener Zeit in besserem Licht sehen läßt. Die Reichskirche hat nicht nur halbherziges Christentum hervorgebracht. Keineswegs ist man immer nur deshalb Christ geworden, weil der Römer jetzt eben Christ zu sein hat.

Geistliches Schrifttum

Anspruchsvolles Christenleben, das könnte auch vorgestellt werden mit der reichen geistlichen Literatur, die zu jener Zeit geschrieben wurde. Die Kirchenväter schrieben nicht nur gelehrte Abhandlungen zur Trinitätslehre, zur Christologie und Gnadenlehre, deren Feinheiten nicht unbedingt in die Predigt und katechetische Unterweisung einfließen mußten. In Ost und West wurde sehr viel zur „Auferbauung der Gemeinde und des einzelnen Christen" geschrieben. Die meisten altkirchlichen Schriftsteller müßten da genannt werden. Erinnert sei an Gregor von Nyssa mit seinen „mystischen Schriften", etwa dem ›Aufstieg des Mose‹ und seine Predigten über das Hohelied. Man wüßte zu gerne, was seine Leser und Hörer damit anfangen konnten! Die Werke des Origenes wurden von Rufinus von Aquileia (um 345–410) und auch von Hieronymus ins Lateinische übersetzt. Von bescheidenerer, aber ebenso bezeichnender Art ist eine ganz andere Arbeit des Rufinus: Als einfache Anleitung zu geistlichem Leben übersetzte er für die Tochter des Aponianus die sog. Sextus-Sprüche (eine zweihundert Jahre ältere Sammlung praktischer Sätze zum Christenleben, die deutlich von antiker Ethik geprägt sind); wie einen „Fingerring" sollte sie das Büchlein ständig bei sich haben! Was dem Christen als geistliche Lektüre zur Anregung, Auferbauung und zu Fortschritten in seinem christlichen Leben geboten wurde, ist wiederum überraschend. Was wurde davon wirklich gelesen? In welche Kreise drang dieses Schrifttum? Der spätantike Dichter und Schriftsteller Sidonius, Bischof von Clermont-Ferrand (432–480/90) schrieb vom Gehabe vornehmer Leute: „Da liegen beim Platz der Damen die Bücher religiösen Inhalts, auf den Plätzen der Männer die Werke der Dichtkunst" (Ep. V 9, 4). Der hohe Anspruch des geistlichen Schrifttums warnt erneut vor dem Pauschalurteil eines nur dekadenten Christentums in reichskatholischer Zeit. In seinen Anstrengungen wird deutlich, wie sehr sich die Kirche um eine christliche und geistliche Lebenskultur mühte: Also mühevoll war's, ein christliches Volk zu schaffen!

3. Der Gottesdienst

Der Raum und die Feier

Seit der Anerkennung des Christentums konnten die Bischöfe ihre Gläubigen in großen Kirchengebäuden versammeln. Kaiser Konstantin schon zeigte sich als Kirchenstifter. Überall traten nun die christlichen Gotteshäuser und die Memorialbauten für die Martyrer in Erscheinung. In der christlichen Basilika versammelte sich das gläubige Volk. Die Basilika war im Römerreich ein öffentliches Bauwerk. Sie konnte Börse, Handels- und Markthalle, Versammlungsstätte, auch Gerichtsort sein. Sie zeigt eine architektonische Grundform, die mehrschiffige Halle mit ausgeprägter Längsachse; für die christliche Basilika ist die mehrschiffige Halle mit überhöhtem Mittelschiff das weithin anregende Vorbild. Als Versammlungsraum der bevorzugten Religion, dank der allein gültigen Staatsreligion bewahrte sie ihren Öffentlichkeitscharakter. Und der Kult, der in ihr vollzogen wurde, ist öffentliche Dienstleistung zum Heil des Staates.

Der Kirchenraum, für die Versammlung der Gemeinde zum Gottesdienst – gemeinsames Gebet und Eucharistiefeier – geschaffen, gab der Liturgie größere Entfaltungsmöglichkeit. Als öffentliche Dienstleistung nahm die Liturgie Formen des höfischen Zeremoniells und der Repräsentation auf. Als pastorale und missionarische Handlung mußte sie die versammelte Gemeinde ansprechen, an vertraute Formen religiöser Äußerungen anknüpfen und so den sie umgebenden Lebens- und Kulturraum berücksichtigen. Selbstverständlich blieb die reichskatholische Liturgie ihrem Ursprung treu: Sie ist in ihrer zentralen Feier „Gedächtnis des Todes und der Auferstehung des Herrn", Dank für die Großtaten Gottes und gemeinschaftstiftendes Mahl mit dem Herrn und den anderen Gläubigen: „Wenn ihr den Leib Christi recht empfangt, dann seid ihr, was ihr empfangt: Leib Christi" (Augustinus, sermo 227, u. a.). Sie hielt an ihren ursprünglichen Bestandteilen fest: Psalmen, Hymnen und Lesung der Heiligen Schrift mit dem deutenden und anwendenden Wort des Predigers. Aber die zeremonielle Einkleidung und der sprachliche Ausdruck entfalteten sich reicher, und mit der Entfaltung zog die Vielfalt ein.

Liturgische Landschaften

Die reichskatholische Liturgie ist von dieser sich auffächernden Vielfalt gekennzeichnet. Auf die ganze Ökumene gesehen schlug sich auch in der Liturgie die Differenzierung von Ost und West, von Griechisch und Lateinisch nieder. Aber diese Großunterscheidung muß gleich verfeinert werden. Die weitere Unterscheidung war an die großräumige Kirchengliederung gebunden. Die alten kirchlichen Vororte mit den ihnen zugeordneten Kirchengebieten brachten ihre Eigenständigkeit auch in ihrer Liturgie zum Ausdruck. Das führte zu einer alexandrinischen und einer antiochenischen Liturgie. Bei näherem Zusehen lassen sich beide Liturgien wieder weiter aufteilen. Für Alexandrien ist die koptische und am Rande die äthiopische Liturgie zu nennen. Eine weitere Ausfaltung zeigt die antiochenische Liturgie, einfach bedingt durch die weitere geographische und politische Gliederung der antiochenischen Kirchengebiete. Zu ihr gehörten Gebiete des römischen Kaiserreiches, aber auch solche unter persischer Herrschaft. Dieser politischen Teilung entspricht die Zweiteilung der Liturgie in eine ostsyrische (unter den Persern) und eine westsyrische. Der westsyrische Typ prägte die Liturgie des antiochenischen Zentrums, Jerusalems und schließlich auch die der Reichshauptstadt und ihres kirchlichen Hoheitsgebietes. Die Einzelheiten dieser liturgischen Typen brauchen hier nicht dargestellt zu werden. Das charakteristische Merkmal all dieser Riten oder orientalischen Liturgien ist der Gebrauch feststehender Anaphoren (= Kanon, „Hochgebet" in der lateinischen Liturgie), wovon in jedem Ritus eine oder mehrere zur Verfügung stehen. Für die byzantinische Liturgie sind das die zwei bekannten Formulare, die sog. Basilius- und Chrysostomusliturgie. Die Anaphora als Kernstück des eucharistischen Gottesdienstes ist von reichem Gebetsformular umgeben. Im byzantinischen Ritus ist es von fruchtbarer Hymnendichtung angereichert. Hymnen und Gebete sind unüberhörbar geprägt vom theologischen Ertrag der großen altkirchlichen Konzilien. Die Liturgie wird gefeiert und gedeutet als Teilhabe an der himmlischen Liturgie der Engel, was ihren Mysteriencharakter und ihren symbolischen Ausdruckswillen steigert. Sie wurde zur dramatischen Mysterienfeier, deren theologische Grundlegung bei Basilius, Johannes Chrysostomus und auch schon bei Cyrill von Jerusalem aufzuspüren ist. Das führte auch die heilsvermittelnden Bilder in den Kirchenraum ein. Seinen sichtbaren Ausdruck fand dieses Anliegen in der Gestaltung des Raumes: Der Altar verschwindet hinter der Ikonostase, der hl. Bilderwand.

Die Liturgie des Westens erweckt dagegen zunächst den Eindruck großer Einheitlichkeit. Tatsächlich gibt es hier das einheitliche Band einer einzigen Liturgiesprache, eben des Lateinischen. Dazu gab es eine „Produktionsstätte" und Normgebung, Rom als Zentrum der westlichen Reichskirche. Näheres Zusehen zeigt jedoch auch hier einige eigenständige Entfaltungen. In Norditalien gab es die mailändische Liturgie, deren Eigenart schon Ambrosius verteidigte: „Wohl will ich in allem der römischen

Kirche folgen; doch auch wir haben gesunden Menschenverstand. Und an was man sich anderswo mit gutem Recht hält, an das dürfen wir uns mit größerem Recht halten" (De sacramentis III 5). Jenseits der Alpen muß ein eigener Typ altgallischer Liturgie ausgemacht werden, die sich wieder in weitere Sonderliturgien auffächerte. Als römische Liturgie gilt jene Form, die im stadtrömischen, also päpstlichen Gottesdienst in reichskatholischer Zeit entwickelt wurde. Die einheitliche Sprache ermöglichte die rege Austauschbeziehung zwischen den einzelnen lateinischen Liturgien und auch die Durchsetzung römischer Formen in entfernten Gebieten. Zur Sprache der römischen Liturgie wurde das Latein, das mit seiner eigenen Gesetzmäßigkeit das offizielle kirchliche Beten zu prägen vermag. Allerdings ist das Kernstück der Eucharistie, der Kanon, wohl erst im späten 4. Jahrhundert lateinisch formuliert worden. Ganz widerspruchslos scheint dieser Sprachwechsel nicht über die Bühne gegangen zu sein. Der unbekannte Verfasser von Kommentaren zu den Apostelbriefen – der sog. Ambrosiaster – läßt in seiner Erklärung von 1 Kor 14 noch die Diskussion erahnen. Paulus hat in jenem Text über Propheten und Zungenreden im christlichen Gottesdienst geschrieben. Der Kommentator meint mit Paulus, die gottesdienstliche Versammlung müßte der „Erbauung aller" dienen. Aus dem unverständlichen ekstatischen Reden in Korinth wird bei ihm die Rede in einer fremden Sprache. Die Fremdsprache aber kann dem obersten Gesetz der liturgischen Versammlung – eben der geistlichen Förderung aller – nicht gerecht werden. Sie zerstört die Einheit der Gläubigen. Außerdem bringt sie den christlichen Gottesdienst in bösen Verdacht. Das sprachliche Verhüllen der sacra ist nicht christlich, sondern heidnisch.

Im ganzen Gottesdienst wurde nun die dem versammelten Volk verständliche Sprache gesprochen. Charakteristisch für die römische Liturgie ist das feste, einheitliche Kanonformular, das nur in wenigen Teilen Änderungen zuläßt. Harmonie und gesetzmäßiger Aufbau bestimmen die Gebete der Liturgie. Der Hymnendichtung gegenüber verhält sich der Ritus zurückhaltend. Die Gesänge sind meist biblischen Ursprungs. Der ganze

Gottesdienst ist von sachlich-nüchterner Feierlichkeit. Die großen stadtrömischen Basiliken gaben ihm den würdigen Rahmen. Sie versammelten das Volk um den Bischof, der in privilegierter Raumzone seine Kathedra hat, umgeben vom Platz des Klerus. Neben dem Altar standen die Opfertische für die Gaben der Gläubigen. Der aufgeteilte Raum ermöglichte die Prozessionen. Kerzen, Weihrauch und andere rituelle Details wurden aus dem römischen Hofzeremoniell in die Liturgie übernommen. Auch allgemein antike Vorstellungen zogen in den Kirchenraum und in die liturgische Praxis ein. Dazu gehörte die Höherbewertung von rechts gegenüber links. Der höhere Klerus steht rechts vom Bischof, der niedere links. Der Priester umschreitet den Altar von rechts und beginnt den Aufstieg zum Altar mit dem rechten Fuß. Führt er einen liturgischen Gestus mit nur einer Hand aus, ist es die rechte. Auch die Akklamationen und die Wiederholungen von Bittrufen lassen sich auf antike jüdische, heidnische und staatliche Praxis zurückführen. Der Volksanteil wurde in der Eucharistiefeier fast ganz auf diese Rufe beschränkt; nach Hieronymus erschallte das Amen in den römischen Basiliken wie der Donner (Comm. in Gal, praef. 1, 2). Schließlich lebt auch in der Entlassung, dem „Ite, missa est", antiker Brauch fort. Es ist eine Weiterbildung der bei öffentlichen Versammlungen üblichen Entlassungsformel, wobei missa für demissio (Entlassung) stand. Die Entwicklung der römischen Liturgie – sie zog sich vom 4. bis 6. Jh. hin – verrät selbstbewußten Gestaltungswillen. Das eigene Erbe wurde mutig mit Ansprüchen der zeitgenössischen Gesellschaft und Kultur verbunden. Die Schöpfer dieser Liturgie waren vom ehrgeizigen Plan bestimmt, eine Kirche der Massen zu leiten. In der Wahl ihrer Mittel zeigten sie sich sicher und bestimmt.

Reiche liturgische Einkleidung fand auch die Versöhnung der Sünder mit der Kirche. Die Reichskirche hielt an der Einmaligkeit der postbaptismalen Buße fest, womit sie den pastoralen Ansprüchen wohl kaum gerecht werden konnte. Ähnlich wie sich bei der Taufe der Aufschub weit verbreitete, so noch mehr bei der Buße. Trotz der Krise, in die das kirchliche Bußinstitut geriet, wurde eine ansprechende und beeindruckende Bußliturgie geschaffen, die in der Rekonziliation (der Wiederaufnahme des Sünders) ihren Höhepunkt hatte.

4. Das liturgische Jahr

Das Christentum als Staatsreligion konnte nicht auf den Kirchenraum und die Werkstatt der Theologen beschränkt bleiben. Die Reichsöffentlichkeit, noch weit ins 4. Jh. hinein vom heidnischen Kult bestimmt, bedurfte der sichtbaren Verchristlichung. Mit dem Ausbau eines eigenen Festkalenders wollte die Kirche unmittelbar Kultur und Öffentlichkeit christianisieren. Wohl reichen die Ansätze eines christlichen Jahreszyklus weit zurück. Schon im 2. Jh. gab es ja den Streit um das Osterfest. Und der Memorialcharakter des Christentums führte von selbst zu einem von Glauben und gläubigem Erinnern geprägten Jahresablauf. Doch was vom 4. Jahrhundert an auf diesem Gebiet geschah, war deutlich von pastoralem und missionarischem Wollen bestimmt, das am Ende den heidnischen Festkalender beseitigt sehen wollte. Da wurde dem älteren Osterfest zunächst ein weihnachtliches Fest vorangestellt. In seiner Mitte steht die erinnernde Feier an die Geburt des Herrn. Der Osten feierte sie am Epiphanietag, im 4. Jahrhundert auf den 6. Januar festgelegt. Rom benannte dafür den 25. Dezember, doch wohl im Gefolge des „Dies natalis Solis invicti“, der seit Kaiser Aurelians Zeiten am 25. Dezember gefeiert wurde. Wie Ostern erhielt es eine Vorbereitungszeit (Advent), und beide Feste falten ihr Mysterium in einer folgenden Festzeit weiter aus. Fünfzig Tage nach Ostern wird das Pfingstfest gefeiert. Ein halbes Jahr lang entfaltet so die Liturgie das Christusgeheimnis und vergegenwärtigt in festgefügtem Rhythmus das durch Christus geschenkte Heil. Über den Gottesdienst hinaus greift diese kirchlich geordnete Zeit in das Christenleben hinein: Ernste Wochen von Buß- und Fastenzeiten stehen im Wechsel mit Wochen der Freude.

Die erste Hälfte des liturgischen Jahres steht ganz unter der Erinnerung an den Herrn. Aber neben die Herrenfeste stellten sich nun andere Gedenktage. Im Osten wird am 26. Dezember des Erzmartyrers Stephanus gedacht, am 27. Dezember der Zebedaiden Johannes und Jakobus und am folgenden Tag der beiden römischen Apostelfürsten Paulus und Petrus. Das lateinische Kirchenjahr folgte teilweise dieser Ordnung, ging aber auch eigene Wege. In seinem Rhythmus wurde die zweite Hälfte des Kirchenjahres mit Gedenktagen an Heilige aufgefüllt. Schon der römische Festkalender aus dem Jahr 354, der ein noch ungeniertes Gemisch von staatlichen, heidnischen und christlichen Gedenktagen zeigt, verzeichnete für Sommer und Herbst bevorzugt Gedächtnistage der Martyrer: Am 29. Juni das Gedächtnis der Apostelfürsten Petrus und Paulus, am 10. August das des hl. Diakons Laurentius usw. Der genannte Kalender führt immerhin etwa dreißig Martyrer an und legt für sie etwa zwanzig Festtage fest. Auch hier war missionarische und pastorale Sorge am Werk: Das Jahrgedächtnis versammelt die Gemeinde zum Gottesdienst mit Predigt und schenkt dem Christenvolk einen volkstümlichen Festtag. Der Festkalender begleitet die Christen das Jahr hindurch; mit seinem stetigen Ausbau wollte er den Öffentlichkeitsauftrag der christlichen Kirche erfüllen. Tatsächlich konnte er den heidnischen Festkalender ersetzen und leistete einen entscheidenden Beitrag zur Christianisierung der antiken Welt.

5. Die Heiligenverehrung

Die Verehrung der Martyrer

Der kirchliche Festkalender zeigt die Bedeutung der Heiligenverehrung in reichskatholischer Zeit. Aber die Heiligenverehrung ist keineswegs eine Erfindung der Reichskirche. Sie läßt sich weit zurückverfolgen. Schon im 2. Jahrhundert wird sie als kirchliche Praxis greifbar. Als Bischof Polykarp von Smyrna (um 160) das Martyrium erlitten hatte, schrieb seine betroffene Gemeinde einen Brief über das Leiden und Sterben ihres Bischofs.

Sie nahm sein Grab in ihre Sorge auf und wollte das Gedenken an ihn lebendig erhalten: „Dort wollen wir, wenn es möglich ist, uns in Jubel und Freude versammeln, um den Jahrestag seines Martyriums, seinen Geburtstag für den Himmel, zu feiern zum Gedächtnis aller, die vor uns den Kampf bestanden, und zugleich als Einübung und Vorbereitung für alle, die in Zukunft zu kämpfen haben" (Martyrium Polycarpi 18, 3). Die Gemeinde glaubt, daß der gewaltsame Tod ihren Bischof zur Vollendung bei Gott geführt hat. Das dankbare Gedenken band sie an Ort und Zeit: Der Grabort und der Tag seines Martyriums werden zu Konstanten in der Martyrerverehrung. Die immer wieder geschenkte Erfahrung des Martyriums in der eigenen Gemeinde, in nächster Nähe, hielt die Verehrung der Martyrer wach und lebendig.

Vom 4. Jahrhundert an entfällt weithin diese unmittelbare Erfahrung. Aber man blickte zurück auf die „Zeit der Martyrer". Verbürgte Überlieferung konnte sich jetzt ungehindert in der Verehrung entfalten. Stolz blickte eine Gemeinde auf das Grab eines Martyrers in ihrer Mitte. Dessen Würde und Nähe zum erhöhten Herrn machten ihn zum Fürsprecher der Gläubigen und zu deren Beschützer. Die Gemeinde wählte ihn zum Patron, wobei sie durchaus von Alltagserfahrung ausgehen konnte: Der Patron kümmert und sorgt sich für seine Klienten, tritt schützend und helfend für sie ein; die Klienten verpflichten sich zu Respekt und Dankbarkeit. Das fromme Vertrauen auf den himmlischen Patron führte zu seiner besorgten Verehrung. Diese kümmerte sich vor allem um das Grab des Glaubenszeugen. In seinem Besitz entdeckte man die Garantie für den Schutz und die Fürsprache des Patrons. Dafür reichten die sicher verbürgten Gräber der Martyrer nicht aus. Wunderbare Auffindungen von Martyrergräbern schufen neue Verehrungsstätten und mehrten die Zahl der himmlischen Patrone. Ambrosius z. B. fand in Mailand im Jahr 386 die Gebeine der Martyrer Gervasius und Protasius, gute zehn Jahre später die von Nazarius und Celsus; in Bologna war er bei der Erhebung der Gebeine der Martyrer Vitalis und Agricola anwesend. Zum großen Ereignis wurde im Jahr 415 die Auffindung der Reliquien des Erzmartyrers Stephanus, die überaus rasch weit verbreitet wurden. Die spektakulären Auffindungen (Inventionen) von Martyrerreliquien ließen neue Heiligtümer entstehen und führten zu neuen Martyrerfesten. Ganz ohne Kritik blieb das Unternehmen nicht. Sulpicius Severus zeigte die Wunderkraft seines Helden Martin von Tours unter anderem auch in der Entlarvung eines falschen Martyrergrabes (Vita 11)!

Diese Auffindungen führten zu einigen neuen Praktiken im Martyrerkult: Übertragung der Gebeine in eine Stadtkirche und auch die Teilung der Reliquien. Mit der Translation erhält die Gemeindekirche ihr Martyrergrab. Altar und Grab treten in nahe Verbindung: „Die siegreichen Opfer folgen an den Ort, wo Christus die Opfergabe ist. Doch der, der für alle gelitten hat, auf dem Altar, jene, die durch sein Leiden erlöst sind, unter dem Altar" (Ambrosius, ep. 22, 13). Wie sehr die Kirche als Ruhestätte der Martyrer angesehen wird, zeigt die Magisterregel (6. Jh.). Sie weist Mönche an, beim Betreten einer Kirche Ps 149, 5 zu sprechen: „Frohlocken werden die Heiligen in Herrlichkeit; sie werden sich freuen auf ihren Lagern" (57, 25).

Durch die Teilung der Reliquien konnten viele Kirchen mit Reliquien versorgt werden. Der Patron, von dem man Schutz und Fürsprache erwartete, konnte auf diese Weise in nächster Nähe verehrt werden. Der Osten hatte wenig Bedenken gegen solchen Brauch, Basilius von Caesarea gibt eine Erklärung dafür. In der Predigt auf die „vierzig Martyrer" sagt er: „Diese vierzig sind es, die unser Land innehaben und wie dichtgedrängte Türme gegen den Angriff der Feinde sicheren Schutz gewähren. Sie beschränken sich nicht auf einen Ort, sondern sind bereits an vielen Orten gastlich geworden und zieren die Heimat von vielen. Und das Wunderbare: Nicht vereinzelt kehren sie bei denen ein, die sie aufnehmen, sondern in gegenseitiger, innigster Gemeinschaft führen sie den festlichen Reigen auf. O Wunder! Sie nehmen an Zahl nicht ab noch zu. Du magst sie in Hundert teilen, sie gehen doch über die bestimmte Zahl nicht hinaus. Du magst sie in eins zusammenziehen, auch so bleiben sie vierzig ..." (Predigt 19, 8). Was hier von vierzig Martyrern gesagt wird, konnte auch von einem Martyrerleib und seinen Teilen gesagt werden. Auch im kleinsten Teil bleibt die Kraft des ganzen Heiligen anwesend und wirksam. Der Westen verhielt sich in der Reliquienteilung zurückhaltender. Er entdeckte jedoch einen hilfreichen Ausweg: die Berührungsreliquie; ein kostbares Tuch wird am Grab oder Martyrerleib berührt und als Reliquie abgegeben. Die Reliquien wurden nicht nur für die Kirche gebraucht, sie waren auch bei frommen Christen außerordentlich begehrt. Das förderte die Vermehrung und regte einen lebhaften Handel mit Reliquien an. Dagegen wehrten sich zwar verantwortliche Bischöfe und staatliche Gesetze. Aber die Nachfrage war außerordentlich, und das keineswegs nur bei den kleinen Leuten. Reliquien der „vierzig Martyrer" wurden unter die vielköpfige Familie, aus der Basilius von Caesarea kam, verteilt. Vom Bischof Germanus von Auxerre (gestorben 448) heißt es: An einem Riemen trug er stets eine Kapsel mit Reliquien der Heiligen (Vita 4). Mit solchem Brauch fand er sich durchaus in bester Gesellschaft. Wie sehr einzelne Christen und eine Gemeinde sich über den Besitz von Reliquien freuten, kommt in den Berichten über die schon erwähnten Inventionen zum Ausdruck, auch in den Predigten anläßlich des Empfangs von Reliquien – als „adventus sanctorum" gefeiert –, die von auswärts erworben werden konnten. Mit welchem Ernst man die Wunder registrierte, die durch die Vermittlung der Heiligen geschahen, läßt Augustinus in seinem ›Gottesstaat‹ nachempfinden: „Auch jetzt noch geschehen Wunder im Namen Christi; sei es durch seine Sakramente, sei es durch Gebete, sei es durch die Gedächtnisstätten der Seligen ..." (22, 8). Die Gedächtnistage der Martyrer wurden festlich begangen. Der Verstorbene gehörte ja zur Familie der Gemeinde Gottes. Wie die Familie ihrer Toten gedachte, so geschah es durch die ganze Gemeinde. Dazu gehörte auch das Mahl am Grab. Bei den Gemeindefesten zu Ehren der verherrlichten Martyrer ging es nicht nur fromm und erbaulich zu. Die Klagen, schon in der altkatholischen Kirche vernommen, wurden jetzt lauter. Es ist bezeichnend, wenn Theodoret in seiner Mönchsgeschichte vom Mönch Maris berichtet, daß er rein durch seine Jugend gekommen sei und das, obwohl er in seiner Jugendzeit viele Martyrerfeste mitfeierte und durch seine angenehme Stimme das Volk entzückte (20, 2). Aufmerksame Seelsorger wehrten sich in Ost und West gegen die Ausgelassenheit bei solchen Feiern: „Die Märtyrer hassen eure Krüge, hassen eure Kessel, hassen eure Prassereien" (Augustinus, sermo 273, 8). Auch die kirchliche Gesetzgebung schritt dagegen ein. Mißbräuche konnten so abgestellt werden; die Freude am Heiligen, dem himmlischen Helfer und Beschützer, blieb.

Die Verehrung der Nichtmartyrer

In der Verehrung der Martyrer zeigte sich die Kirche vom 4. Jahrhundert an außerordentlich schöpferisch. Aber sie begann in dieser Zeit, die Verehrung auch auf die Nichtmartyrer auszudehnen. Der Christ, der durch ein außerordentliches Leben zum Zeugen des Glaubens geworden ist, wurde nach seinem Tode wie ein Martyrer verehrt. Im Grunde blieb auch hier das Martyrer-, Zeugesein eigentlicher Titel der Heiligkeit und Anlaß der Verehrung. Martyrium wurde dabei im weiteren Sinne verstanden: Heroisches Leben, besonders die Askese. Der Ägypter Antonius verließ seine Wüsteneinsamkeit, um in Alexandrien das blutige Martyrium zu erlangen. Die Hoffnung erfüllte sich nicht; deshalb ging er zurück in die Wüste, um noch eifrigere und strengere Askese zu leben (Athanasius, vita Antonii 47). Die Askese sollte zum unblutigen Martyrium werden. Sulpicius Severus meinte von Martinus: „Ich hoffe und glaube es und bin der festen Zuversicht, daß er vor allem in der Gesellschaft derer ist, die ihr Gewand im Blute des Lammes gewaschen haben (Apk 14, 4); er folgt, rein von jedem Fehl, dem Lamme, das vorangeht. Denn wenn er auch infolge der Zeitverhältnisse nicht Märtyrer werden konnte, so wird ihm doch der Ruhm eines Märtyrers nicht entgehen; seiner Sehnsucht und seiner Tugend nach hätte er ja Märtyrer sein können und wollen" (Ep. 2, 9). Hieronymus tröstete Eustochium nach dem Tod ihrer

Mutter Paula: „Nach einem langen Martyrium ist deine Mutter gekrönt worden. Denn nicht nur das vergossene Blut, sondern auch die Hingabe einer frommen Seele ist ein tägliches Martyrium" (Ep. 108, 31). Dank solcher Überzeugung galten nun auch die weltfernen Einsiedler als heilig, aber auch die Bekennerbischöfe des 4. Jahrhunderts, deren Leben in erbaulicher Literatur bekannt gemacht wurde. Ihre Verehrung am Grab und in der Liturgie folgte den Formen des Martyrerkultes. Der Heiligenhimmel wurde nun reich bevölkert; die Zahl der wirkmächtigen Patrone nahm zu. Gleichzeitig konnte dem frommen Volk das anziehende und nachahmenswerte Beispiel vollkommenen Christenlebens vor Augen gestellt werden: „Die Erinnerung an Tugendbeispiele ist ebenso erbauend wie das Studium der Heiligen Schrift. Denn in der Schriftauslegung sehen wir, wie die Tugend erworben und bewahrt wird; aus der Erzählung der Wunder der Heiligen aber erkennen wir, wie die erworbene und bewahrte Tugend sich offenbart" (Gregor der Große, Dialog I praef.).

Zum Schluß soll noch einmal an das bekannte Reichsgesetz vom 28. 2. 380 erinnert werden. Kaiser Theodosius hat damit das römische Reichsvolk zum Kirchenvolk gemacht. Der Kirche – in der Bildersprache der Kirchenväter immer wieder als Mutter gefeiert – fiel dadurch die Aufgabe zu, dieses Volk zum Volk Gottes, zu rechten Christen zu machen. Dieser Aufgabe hat sie sich nicht entzogen, auch wenn man viel Ungenügen und Halbheiten feststellen muß. In seiner berühmten ›Christenregel‹ schreibt Basilius von Caesarea: „Was macht eigentlich den Christen aus? Der Glaube, der durch die Liebe wirksam ist. Was ist denn eigentlich der Glaube? Überzeugtsein ohne Wanken von der Wahrheit der gottinspirierten Schriften, von keiner Vernünftelei angekränkelt, mag sie sich aus dem Zwang der Natur oder aus frommer Vortäuschung herleiten. Was ist das Eigentliche des Glaubenden? Durch die Hilfe des Gesagten in solcher Überzeugung feststehen und es nicht wagen, etwas davon abzuziehen oder hinzuzufügen. Denn wenn nach dem Apostel alles Sünde ist, was nicht aus dem Glauben stammt (Röm 14, 23), der Glaube aber vom Hören kommt und das Hören vom Wort Gottes, dann ist alles, was nicht in der gottinspirierten Schrift steht, weil es nicht zum Glauben gehört, auch Sünde. Was ist das Eigentliche der Liebe zu Gott? Seine Gebote halten in der Absicht, ihn zu verherrlichen. Was ist das Eigentliche der Liebe zum Nächsten? Nicht das Eigene suchen, sondern das des Geliebten, zu dessen seelischem und leiblichem Nutzen. Was ist das Eigentliche des Christen? In der Taufe aus Geist und Wasser wiedergeboren zu sein ..." (Moralia, Schluß).

Chronologische Zusammenfassung:

ca. 341	Wulfila (Ulfila), Bischof
348/50	Cyrill von Jerusalem, Taufkatechesen
354	Römischer Chronograph
399/400	Augustinus, Über den katechetischen Unterricht
ca. 370	Basilius, Predigt über das Hexaemeron; Lateinischer Meßkanon in Rom
371–394 (?)	Gregor von Nyssa; Auslegung des Hohenliedes
381/6–397	Johannes Chrysostomus in Antiochien
386	Auffindung der Gebeine des Gervasius und Protasius in Mailand
nach 388	Ambrosius, Predigt über das Hexaemeron
392–418	Augustinus, Predigten über die Psalmen
397–404	Johannes Chrysostomus in Konstantinopel
ca. 400	Rufinus, Übersetzung von Origenes-Schriften und der Sextus-Sprüche
Ende des 4. Jh.	Basilius-Liturgie
415	Auffindung der Stephanusreliquien
Anfang des 5. Jh.	Chrysostomus-Liturgie
nach 435	Salvian von Marseille, Vier Bücher an die Kirche

VIII. DAS ANDERE CHRISTENLEBEN: ALTKIRCHLICHES MÖNCHTUM

Das ist es, was wir euch im Kloster gebieten: Das erste Ziel eures gemeinsamen Lebens ist, in Eintracht zusammenzuwohnen und 'ein Herz und eine Seele' (Apg 4, 32) in Gott zu sein.

(Augustinus, praeceptum 1)

1. Zwei christliche Lebensnormen

Zu Beginn des 4. Jahrhunderts blickte Eusebius von Caesarea auf die Kirche und das christliche Leben in ihr; lapidarisch stellte er fest: Für die Kirche Christi sind zwei Lebensnormen aufgestellt worden. Die eine führt über die Natur hinaus, hat nichts zu tun mit der gewohnten und normalen Lebensweise. Sie gestattet die Ehe nicht, noch das Kinderzeugen. Den Erwerb von Eigentum duldet sie nicht. Sie verwandelt die Lebensgewohnheiten der Menschen von Grund auf und macht, daß sie, von himmlischer Liebe ausgeformt, nur noch Gott dienen. Diejenigen, die sich zu dieser Lebensart bekehrt haben, sind für die hergebrachte Lebensweise wie abgestorben und leben nur noch mit dem Körper auf Erden, da ihre Seele auf geheimnisvolle Weise schon in den Himmel eingegangen ist. Sie sind zum Wohl des ganzen Menschengeschlechtes der Gottheit geweiht, die über allem steht. Als Bewohner des Himmels achten sie im täglichen Leben der Menschen die Opfer von Stieren oder von Blut, von Wein oder von Aromaten für nichts und halten sich statt dessen an gesunde Lehren, wahre Frömmigkeit, Reinheit der Seele, gute Worte und Taten. Indem sie dadurch die Gottheit günstig stimmen, erfüllen sie eine priesterliche Aufgabe zu ihrem Wohl und zum Wohl der anderen. Dies ist die Norm des vollkommenen christlichen Lebens. Doch es gibt auch ein anderes Leben, das die Rechte und Pflichten des staatlichen und sozialen Lebens des Menschengeschlechtes nicht verwirft. Heiraten, Kinderzeugen, seinem Beruf nachgehen, sich den Gesetzen des Staates unterwerfen und in jeder Hinsicht die Aufgaben des normalen Bürgers erfüllen sind Äußerungen dieses Lebens, die sich mit dem christlichen Glauben völlig vereinbaren lassen, wenn sie an den festen Vorsatz gebunden sind, die Frömmigkeit und die Hingabe an den Herrn zu bewahren. Der Christ bejaht als durchaus empfehlenswert auch diese zweite Lebensweise und deshalb braucht keine Menschenklasse und kein Volk die große Wohltat der Botschaft Christi zu entbehren (Demonstratio evangelica I 8).

Ein bedeutsamer, aussagereicher Text! Zwei Normen gibt es für das Christenleben in dieser Welt. Eusebius hätte auch von asketischem und bürgerlichem Christenleben sprechen können. Beide sah er als selbstverständlich, als gottgegeben an. Beide sind rechte Weisen, in dieser Welt christlich zu leben, wenn auch der höhere Wert der ersten Weise zugesprochen wird. Aber sie bleibt nicht in unberührbarer Selbstgenügsamkeit: Die nach ihr Lebenden erfüllen eine priesterliche Aufgabe zum Wohl der ganzen Menschheit! Eusebius machte keine Angaben darüber, wo in dieser Art christlich gelebt wird; er sagte auch nicht, wie viele Christen sich zu solchem Leben entschließen. Er begnügte sich mit dem allgemeinen Verweis. Aber der ist wichtig genug: Asketisches Christenleben ist nicht die Folge einer vermeintlich dekadenten Reichskirche! Für den Theologen und Kirchenhistoriker Eusebius gehörte es fest in das Christentum hinein. Auch die ältere Kirchengeschichte mit ihrer vielfach praktizierten und propagierten Askese bestätigt seine Aussage. Läßt sich asketisches Leben von Anfang an in den Christengemeinden ausmachen, so ist doch im späten 3. Jahrhundert eine Wende festzustellen. Aus dem Asketen wurde der Mönch, der außerhalb der Gemeinde lebt und als solcher bezeichnet wird. Hatte Eusebius in dem vorher zitierten Text noch auf eine monastische Terminologie verzichtet, so verwendet er in seinem Psalmenkommentar (geschrieben um 330) den Begriff „monachus“ (zu Ps 67, 7). Die asketisch und für sich Lebenden erhalten nun eine spezifische Bezeichnung. Das bestätigt auch ein ägyptischer Papyrus aus dem Jahr 324, der einen Mönch Isaak erwähnt. Der Fachterminus ist danach in die Volkssprache eingegangen. Für eine christliche Askese gibt es eigentlich nur den einen Grund: Durch die Taufe auf den Tod Christi ist er zum neuen Leben in Christus berufen; er hat seine Stadt, seine Heimat im Himmel. Das rückt ihn in Distanz zu dieser Welt und läßt ihn die kommende Welt erwarten. Wie weit muß die Distanzierung zu dieser Welt gehen? Am Schöpfungs-Ja Gottes zu dieser Welt hat sie ihre Grenze. Gnostische Weltverneinung und Leibfeindlichkeit überschreitet diese Grenze. Wie wird die Erwartung der kommenden Welt bewiesen, solange man in dieser Welt lebt? Die christliche Askese ging im Laufe des 3. Jahrhunderts einen kühnen Schritt. Die „kommende Welt“ wurde als eine „andere Welt“ in den eigenen Lebensraum hereingeholt. Daß man allein auf die kommende Welt hinlebt, wurde nun bewiesen, indem man in dieser anderen Welt lebte. Diese andere Welt lag am Rande oder außerhalb der bewohnten, bürgerlich geordneten und bestimmten Welt. Und das Leben in ihr ist bestimmt von Askese. Dafür hielt die antike Welt genügend Vorlagen bereit; denn die Grundformen des asketischen Lebens – geschlechtliche Enthaltsamkeit, Nahrungsbeschränkung, Schlafentzug, Bescheidung mit dem Lebensnotwendigen usw. – waren dort längst aus unterschiedlichen Motiven und mit ebenso unterschiedlichen Begründungen ausgebildet worden. Die christliche Askese nahm diese äußeren Formen und Praktiken auf, stellte sie aber unter ihre eigene Begründung: Das eschatologische Motiv mit seinem nicht ungefährlichen Vollendungsenthusiasmus; die Nachfolge Jesu, wobei die Radikalität Jesu in asketische Forderungen umgesetzt wird; Leben nach dem Evangelium, wobei die Askese zur anregenden Hermeneutik wird und einen „asketischen Evangelismus“ schafft.

Das läßt sich veranschaulichen am „Prototyp“ des altkirchlichen Mönchtums, an dem Ägypter Antonius. Um das Jahr 275 verließ er als junger Mann sein Heimatdorf. In Athanasius, dem bekannten Bischof von Alexandrien, hat er seinen Biographen gefunden (Vita Antonii, geschrieben bald nach dem Tod des Antonius im Jahre 356). Athanasius beschreibt den Aufbruch des jungen Antonius in die Wüste: Er ging mit sich zu Rate, was er mit seinem Leben anfangen solle. Da kamen ihm „die Apostel, wie sie alles verlassen haben und dem Erlöser nachgefolgt sind“, in den Sinn, dazu „die Gläubigen in der Apostelgeschichte, wie sie ihren Besitz verkauften und den Erlös davon den Aposteln gebracht haben“ (Vita 2). Die Erinnerung an neutestamentliche Worte (Mk 10, 28–31 par) und Ereignisse (Apg 4, 32–35) führen den jungen Mann in die Wüsteneinsamkeit und zu strenger Askese. Die Worte haben ursprünglich anderes im Sinn. Aber hier zeigt sich bei Athanasius die asketisch-monastische Interpretation der Nachfolge Jesu und des Evangeliums. Und beide Schriftstellen blieben für das Mönchtum außerordentlich anregend, so etwas wie „zündende Funken“, die immer wieder neue Aufbrüche im Mönchsleben begründen und bestätigen mußten.

2. *Die ägyptische Wüstenanachorese*

Mit Antonius von Ägypten (etwa 255–356) ist die früheste Form des christlichen Mönchtums aufgegriffen. Es ist das Leben als Einsiedler (Eremit) in der Zurückgezogenheit (Anachorese). Läßt sich sein Aufbruch in die Wüste im letzten Viertel des dritten Jahrhunderts festmachen, so ist damit nicht der sichere Anfang dieser neuen Form christlicher Askese genannt. Athanasius sagt, Antonius habe sich zur Einübung in dieses Leben einem alten Mann angeschlossen, der seit seiner Jugend ein Einsiedlerleben geführt habe (Vita 3). Mit dieser Aussage ist nicht allzuviel anzufangen, aber überinterpretiert wird sie nicht, wenn aus ihr herausgelesen wird, daß jener Antonius sich einer bereits vorhandenen Bewegung angeschlossen hat. Der interessante Streit um den ersten Eremiten, in dem Hieronymus mit seinem ›Leben des ersten Eremiten Paulus‹ ein klärendes Wort sagen wollte, darf begraben bleiben. Namenlose Einzelne waren es, die die christlichen Ortsgemeinden verließen, um auf sich selbst gestellt asketisch zu leben und so zu ihrer Vollkommenheit zu finden. Die Askese ist ja nicht Selbstzweck, auch wenn gar oft dieser falsche Eindruck entsteht und Asketen nicht selten mit ihren fragwürdigen asketischen Rekordleistungen das Mißverständnis förderten.

Der Anachoret zog in die Wüste und blieb auch hier für sich: „Wenn der Mönch nicht in seinem Herzen spricht, ich und Gott, wir sind allein auf der Welt, so wird er keine Ruhe finden“ (Apophthegmata 144). Er hauste in seiner Zelle, einer selbstgebauten Hütte, einem verfallenen Kastell, vielleicht auch in einer aufgelassenen Grabhöhle. Das Alleinsein ist freilich nicht vollständig. In völliger Isolierung lebte der Wüsteneinsiedler nicht. Auch für ihn gilt: „Leben und Tod des Mönchs entscheiden sich an seiner Haltung zum Mitmenschen“ (Apophthegmata 9). Und reiche Erfahrung belehrte den Neuling in der Wüste: „Wenn du zuvor nicht mit den Menschen (in der Welt) zurechtgekommen bist, dann kannst du nachher auch nicht mit der Einsamkeit zurechtkommen“ (ebd. 449). So sehr die Einsamkeit gefordert, das Alleinsein betont wurde, die Urform der Wüstenaskese ist doch die lockere Eremitensiedlung, die notwendigen menschlichen Kontakt ermöglicht. Die Eremiten kamen zum Gottesdienst zusammen oder zogen zur Teilnahme an der Eucharistiefeier in benachbarte Christengemeinden. Die Erzeugnisse ihrer bescheidenen Arbeit – etwa geflochtene Matten, Seile, Körbe – mußten verkauft werden. Das sollte nicht der einzelne Eremit besorgen; auch dafür war gemeinsame Vorsorge zu treffen. Mittelpunkt einer solchen Einsiedlerkolonie war ein besonders angesehener Mönch, ein geistbegabter Vater. Auf Grund seiner Erfahrung und Begabung wuchs er zur geistig-geistlichen Autorität heran. Denn eine Regel kannte dieses Eremitentum nicht, wohl aber eine ungeschriebene Ordnung: „So muß der Mönch sein.“ Für das eigene Leben, seine Unsicherheiten und Versuchungen, ging man den Vater um ein helfendes und wegweisendes Wort an: „Sag mir ein Wort, damit ich gerettet werde.“

Die Anfänge der Wüstenaskese gingen still und wenig beobachtet vor sich. Erst im 4. Jahrhundert wurde es laut und bewegt um sie. Die Zahl der „Aussteiger“ wuchs. Das Ansehen der Wüstenväter war gestiegen und ihre Anziehungskraft fast unwiderstehlich. Die Wüste bevölkerte sich mit Mönchen (Vita Antonii 14). Die Verbreitung der anspruchsvollen Askese war gerade in Ägypten auch durch äußere Umstände gefördert worden, nämlich die wirtschaftliche Not der Bevölkerung, die unter hartem Steuerdruck zu leiden hatte. Die „Flucht in die andere Welt“ bot einen Ausweg. Nicht von ungefähr kamen die meisten ägyptischen Wüstenmönche aus der einfachen, ungebildeten Bevölkerung: Landarbeiter, Bauern und Hirten. Für sie wurde der Gang in die Wüste zur Befreiung. Aber diese äußeren Gründe haben sowenig wie ein Protest gegen die „verweltlichte Kirche“ die Wüstenaskese begründet; sie haben lediglich den Zulauf gefördert.

Greifbar wird die bunte Welt der ägyptischen Einsiedler vor allem in der Sammlung der ›Vätersprüche‹ (Apophthegmata Patrum). In ihr ist der reiche Schatz der geistlichen Erfahrung aus der Wüstenaskese festgehalten. Die mehrfach erwähnte Antoniusvita darf an ihre Seite gestellt werden, wenngleich hier Athanasius mit seiner Theologie und Vorstellung vom rechten Mönchsleben die Feder führt. Lebendige Milieuschilderungen bieten die ›Mönchsgeschichte‹ des Bischofs Palladius (Historia Lausiaca) und die anonyme ›Historia Monachorum in Aegypto‹. Beide halten Reiseberichte durch das ägyptische Mönchsland fest. Sie zeigen, in welchem Ruf die Einsiedlerkolonien seit Ende des 4. Jahrhunderts standen. Die erbauliche und auch neugierige Reise zu den Wüstenmönchen wurde eine weitverbreitete Praxis. Der literarische Bericht machte Propaganda und Werbung für das Mönchsleben, verherrlichte die „Heroen der christlichen Askese“, die in der “splendid isolation” einer fernen Wüste lebten, und setzte damit neue Maßstäbe für christliche Heiligkeit und Vollkommenheit.

3. Das pachomianische Koinobion

Mitten in der ersten Blütezeit des ägyptischen Eremitentums entwickelte sich eine neue Form des Mönchslebens, das streng geordnete, gemeinsame Leben der Mönche (Koinobitentum). Als Schöpfer und Gestalter gilt der Ägypter Pachomius (gest. 346). Freilich muß seine Tat eingebettet werden in die fließenden Übergänge von eremitorischem zu koinobitischem Mönchtum und er kann als Sammelpunkt dieser Bewegung angesehen werden. Nach seiner Bekehrung zum Christentum war Pachomius Anachoret geworden. Mit geschicktem Organisationstalent begabt und von hohem Sendungsbewußtsein erfüllt, begann er sein reformerisches Wirken: „Pachomius, Pachomius, es ist der Wille des Herrn, daß du dem Menschengeschlecht dienst und es ihm darbringst" (Bohairisches Pachomiusleben 22). „Dienst an den Menschen", so verstand Pachomius seine Sendung. Konkret wollte er die Eremiten aus ihrer Vereinzelung sammeln und aus ihnen Gemeinschaften bilden. Die Erinnerung an die Urgemeinde nach Apg 4, 32–35 wirkte schöpferisch; die Mönche sollten in solcher Gemeinschaft (Koinonia) leben. Die Gemeinschaft war dabei nicht als Notbehelf gedacht, sondern wurde als konstitutives Element des Mönchslebens erkannt. Zum Kloster gehört der genau begrenzte, nach außen abgeschlossene Wohnraum der Mönche, die einheitliche Lebensweise in Nahrung, Kleidung und Arbeit, der gemeinsame Gottesdienst. Ein erstes Kloster entstand in Tabennisi (Thebais), dem bald weitere folgten. Pachomius schloß sie zu einer Art Klosterverband zusammen. Entsprechend der Entwicklung seiner Klöster redigierte er eine Regel, die das Leben seiner Mönche ordnete. Die Regel institutionalisierte die eremitorische Bindung des Mönchs an den geistbegabten Vater. Der Mönch ist der, der im Kloster „unter Regel und Abt lebt". Denn zur Regel tritt das deutende und weisende Wort des Abtes. Von Pachomius sind einige Reste schöner Ansprachen (Katechesen) erhalten. Sie decken die Heilige Schrift als die Quelle seiner Spiritualität und seines Apostolates auf. Was Pachomius für die von ihm inspirierten Mönchsgemeinschaften bedeutete, welche Bedeutung sie ihm in der Kirchen- und Mönchsgeschichte Ägyptens einräumten, zeigt jenes Wort, das einer seiner Schüler dem verehrten Lehrer in den Mund legte: „Drei großartige Dinge hat Gott in unserer Zeit zum Nutzen aller Menschen in Ägypten hervorgebracht: erstens den seligen und heiligen Streiter Athanasius, den Erzbischof von Alexandrien, der bis zum Tode für den Glauben kämpfte, zweitens unseren heiligen Vater Antonius, der das vollendete Vorbild des Einsiedlerlebens ist, und drittens diese Gemeinschaft, die einen Weg weist für alle, die ihre Seelen in Gott sammeln und zur Vollendung führen wollen" (Sahidisches Pachomiusleben 128).

4. Mönchtum in den anderen östlichen Kirchengebieten

Während in Ägypten die Einsiedlerkolonien zu Ansehen gelangten und der pachomianische Klosterverband die Zeit des gemeinsamen Klosterlebens einleitete, verselbständigte sich auch in den anderen Ländern des christlichen Ostens die Askese zur monastischen Lebensweise. Das ägyptische Vorbild wirkte sicher anregend und wegweisend. Aber es wäre falsch, wollte man überall nur Ableger und Nachahmer des ägyptischen Mönchtums sehen. Die großen kirchlichen Gebiete – Palästina, Syrien, Persien und Kleinasien – brachten ihre je eigenen Formen asketisch-monastischen Lebens hervor und wurden so zu eigenen Mönchslandschaften, die in der asketischen Tradition der einzelnen kirchlichen Räume wurzeln. Auch hier stoßen wir auf Eremiten, Eremitensiedlungen und monastische Gemeinschaften. In Jerusalem, seit Konstantins Zeiten vielbesuchte Wallfahrtsstätte, sammelten sich Mönche und Nonnen aus dem ganzen Römerreich; sie kamen als Pilger, hielten sich längere Zeit in der Heiligen Stadt auf oder blieben für immer dort. So entstanden „Stadtklöster"; im benachbarten Bethlehem ließ sich nach 384 Hieronymus nieder. Die großzügigen Stiftungen der Römerin Paula, die dem Gelehrten nach Bethlehem folgte, erlaubten auch dort die Gründung solcher Klöster.

Das syrische Mönchtum hatte in der nächsten Nachbarschaft Antiochiens ein überaus lebendiges Zentrum. Johannes Chrysostomus hat in seiner Jugendzeit unter jenen Mönchen gelebt. Sein Leben lang ist er von der Erinnerung daran nicht losgekommen und dem Mönchsleben in begeisterter Bewunderung verbunden geblieben: „Die Mönche arbeiten wie Adam, als er am Anfang, noch vor dem Sündenfall, in Herrlichkeit gekleidet war und in jenem überglückseligen Land, das er bewohnte, mit Gott innig verkehrte. Oder worin sollten unsere Mönche schlimmer daran sein als Adam, da er das Paradies bebaute? Er kannte keine weltliche Sorge; sie kennen sie ebenfalls nicht. Er verkehrt reinen Gewissens mit Gott; sie gehen sogar noch vertrauter mit Gott um, weil sie vom Heiligen Geist mit größeren Gaben ausgestattet werden" (Homilie in Mt 68, 7). Die wunderliche Welt dieses Mönchtums hat Theodoret von Cyrus (ca. 393–466) in seiner Mönchsgeschichte beschrieben. Eigenwillige Mönchsgestalten werden da greifbar. Ihre Askese nimmt bizarre, befremdliche Formen an: Mönche beladen sich mit schweren Eisenketten, schließen sich lebenslang in enges Gemäuer ein oder leben ohne jeden Wetterschutz als „Freiluftasketen". Aus diesen Kreisen kam auch die asketische Sonderform des Säulenstehers: Symeon der Ältere (ca. 390–459) stand über dreißig Jahre auf seiner hohen Säule und wurde schon zu Lebzeiten wie ein „christliches Weltwunder" verehrt.

Das ostsyrische Mönchtum hielt alte asketisch-enkratitische Tradition lebendig. Die ehelosen „Bundessöhne und -töchter" waren ihre Träger. Afrahat, der „persische Weise" (gestorben um 345), läßt in seinen Schriften die anspruchsvolle Theologie dieses Mönchslebens erkennen: „Laßt uns teilhaben am Leiden Christi, daß wir auch in seiner Auferstehung leben. Laßt uns sein Zeichen an unseren Leibern tragen, daß wir bewahrt werden vor dem kommenden Zorn. Laßt uns fremd sein vor der Welt, wie Christus nicht von ihr war" (Homilie 6).

Kleinasien darf ebenfalls als eigene Mönchslandschaft angesprochen werden. Von ihrer Askese wurde der aristokratische und gebildete Basilius von Caesarea (ca. 330–379) angezogen.

Vom Studium in Athen heimgekehrt, verzichtete er auf eine Karriere im Staatsdienst, ließ sich taufen und zog sich auf ein Familiengut in Pontus zurück, um dort als Mönch zu leben. Das philosophische Rüstzeug, die Erfahrung gelebten Mönchtums und engagierte Kirchlichkeit ließen ihn zum Reformer des Mönchtums seiner Heimat werden. Das Ideal der Einsiedler fand keine Gnade in seinen Augen. Er wollte den Mönch in der Gemeinschaft: Gott habe den Menschen nicht als einzelnes und wildes Wesen geschaffen, sondern als sanftes und geselliges. Da fließen antike Sozialphilosophie und christliche Schöpfungslehre zusammen. Daß der Mensch Gemeinschaftswesen ist, sieht Basilius in der Erlösung von neuem begründet. Nur in der kirchlichen Gemeinschaft kann die Erlösung gelebt werden. Das paulinische Bild vom Leib und seinen Gliedern und die Idealschilderung der Urgemeinde von Jerusalem mit dem „einen Herzen und der einen Seele“ müssen in der Kirche verwirklicht sein. Die Gemeinschaften der Asketen haben in diesen ekklesiologischen Urbildern ihre bestimmende Norm. Jede Entfaltung der Norm leitet Basilius vom Evangelium ab und bestimmt damit das asketisch-monastische Leben als evangelisches Leben. In langen Ausführungen hat Basilius dem Mönchtum seiner Zeit die Ordnung dieses evangelischen Lebens vorgelegt. Sie sind zum Teil aus Gesprächen mit Mönchsgemeinschaften erwachsen – „Wir, denen der Dienst des Wortes anvertraut ist, müssen jederzeit zur Bestärkung der Seelen bereit sein. Wir müssen dazu öffentlich und vor der ganzen Welt bereit sein; aber auch jedem, der zu uns kommt, müssen wir die Möglichkeit geben, uns mit gutem Recht nach dem zu fragen, was zum gefestigten Glauben und zum wahren Leben nach dem Evangelium gehört“ (Vorwort zu den kürzeren Regeln) – und in komplizierter Redaktionsarbeit zu einer Art „Handbuch“ für das monastische Leben geworden. Nicht ganz zutreffend werden sie als ›Mönchsregeln des Basilius‹ bezeichnet. Für das östliche Mönchtum sind sie bis heute Leitfaden und Wegweisung geblieben.

Das frühe Mönchtum in den östlichen Kirchengebieten – es wäre auch noch von den Stadtklöstern in der Reichshauptstadt

Konstantinopel zu sprechen – war ein überaus vielfältiges und widersprüchliches Gebilde. In seiner asketischen Sonderwelt wollte es keine Gegenkirche sein, sondern jene erste Norm des Christenlebens in die Praxis umsetzen, von der Eusebius von Caesarea gesprochen hat. Die beiden Lebensformen standen zwar nicht immer so friedlich und harmonisch nebeneinander, wie es jener Kirchenvater darstellte. Das Mönchtum wurde in die dogmatischen und kirchenpolitischen Wirren des 4. und 5. Jahrhunderts hineingezogen, was manchen Protest gegen die Mönche hervorgerufen hat. Erst dem Konzil von Chalcedon gelang es, den Mönchen und ihren Klöstern ihren bestimmten Platz in der Kirche zuzuweisen.

5. *Die Anfänge des Mönchtums in der lateinischen Kirche*

Eigene Tradition und östliche Anregung

Im späten 4. Jahrhundert trat die monastische Lebensform auch in der lateinischen Kirche auf. Überraschend schnell wurde sie in den Zentren und an den Rändern der westlichen Kirche gegenwärtig. Die schnelle Ausbreitung darf nicht als einfache Nachahmung des östlichen Mönchtums erklärt werden. Vielmehr muß auch hier die eigene asketische Tradition in Rechnung gesetzt werden. Sie läßt sich bis Tertullian und Cyprian zurückverfolgen, gehört also fest hinein in das angenommene und verkündete Evangelium auch in seinem lateinischen Sprachgewand. Dann fügte sich im 4. Jahrhundert das anregende Beispiel des Ostens hinzu. Das Hin und Her zwischen beiden Kirchenhälften förderte den anregenden Austausch. Die Wallfahrt zu den heiligen Stätten führte teilweise zu den Anachoretensiedlungen. Vom Mönchsvater Arsenius, der aus römischem Senatorengeschlecht stammte und seit 395 in Ägypten als Eremit lebte, wird erzählt: „Vom Erzbischof von Alexandrien meldete man ihm: Die Senatorentochter N. N. ist aus Rom gekommen und möchte dich besuchen. – Er will sie nicht empfangen; trotzdem geht sie zu seiner Hütte, wo sie unfreundlich abgewiesen wird: Willst du nach Rom zurück und den anderen Frauen dort sagen, ich habe Arsenius gesehen! Dann werden sie das Meer zu einem Weg für die Frauen machen, die zu mir kommen wollen" (Apophthegmata Patrum 66). Nicht weniger fördernd als die persönliche Begegnung wirkte die literarische. Das Antoniusleben des Athanasius wurde früh in zwei lateinischen Übersetzungen im Westen verbreitet. Nach Augustinus war es um 386 schon unter den Asketen in Trier bekannt, und für ihn selber wurde die Lebensgeschichte des ägyptischen Eremiten zur wichtigen Hilfe auf seinem Bekehrungsweg (Confessiones VIII 6). Unter den aristokratischen Damen Roms wirkte in den Jahren 382–384 Hieronymus als Lehrer und Seelenführer. Er hatte zuvor ein paar Jahre in der syrischen Wüste als Eremit gelebt. Den Aufenthalt in der Wüste konnte er zwar nicht als Erfolgserlebnis verbuchen, aber Askese, Ehelosigkeit und Mönchsleben blieben zentrale Anliegen seiner geistlichen Unterweisung. Als er Rom im Jahr 384 verlassen mußte, wirkte er von Bethlehem aus als Propagandist für das Mönchsleben und verteidigte die asketisch-monastische Lebensform gegen jeden Angriff. Bald nach 360 tauchte im gallischen Poitiers in der Umgebung des Bischofs Hilarius eine Asketensiedlung auf. Martinus, der spätere Bischof von Tours, war ihr Mittelpunkt. Sein Leben beschrieb Sulpicius Severus (Vita Martini, Briefe und Dialoge), der damit einen Heroen des asketischen Lebens kreiert hat, der mit den Mönchen des fernen Ostens in jeder Hinsicht konkurrieren konnte.

Verschiedene monastische Landschaften

In Spanien fand sich die Askese zunächst mit schwerer Hypothek belastet. Priscillian (385 hingerichtet), ein reicher, gebildeter Laie, trat seit 373 in Südspanien als Haupt einer asketischen Bewegung auf, die sich weit ausbreiten konnte. Priscillian selbst wurde im Jahr 380 Bischof von Avila. Die anspruchsvolle Askese, die von einer Art Christusmystik und eigenwilligen, gnostisch bestimmten Spekulationen getragen war, führte zur Absonderung der priscillianischen Zirkel. Das bewirkte Verdächtigungen – die Frage der Rechtgläubigkeit Priscillians ist auch heute noch nicht klar zu beantworten –, Verleumdung und schließlich zur Verfolgung. Die Askese in Spanien und in Teilen Galliens stand sicher unter dem Einfluß Priscillians. Sie ist deshalb aber nicht als priscillianisch abzustempeln. Nur lag auf ihr ständig die Last, sich vom Vorwurf des Priscillianismus freizumachen.

Die Präsenz des Mönchtums im westlichen Römerreich läßt um 400 und bald danach deutlich unterschiedliche Mönchslandschaften abstecken. Selbstverständlich sind alle geeint durch die monastische Lebensform, also jenes Christenleben, „das sich allein auf das Werk des Glaubens beschränkt und auf die vielbeschäftigte Tätigkeit in der Welt verzichtet" (Orosius, adv. pag. VII 33). Diese weitgefaßte Definition sagt wenig Konkretes über das Mönchsleben aus. Unter ihr können sich viele Formen monastischen Lebens bergen. Summarisch lassen sich die wichtigen Mönchslandschaften aufzählen: Rom, Nord- und Süditalien, Nordafrika, Spanien, westliches Gallien und Südgallien. Für Rom ist die Initiative des Hieronymus schon erwähnt worden; Papst Damasus (366–384) muß eingefügt werden. Jenes stadtrömische Mönchtum, das unter ihrem Einfluß stand, zeigt eine typische Synthese von älterer lateinischer Virginitätsaskese und orientalischem Mönchtum. Das wichtigste Ergebnis war das städtische Hauskloster. In Norditalien wurde Ambrosius von Mailand zum einflußreichen Verteidiger des asketisch-monastischen Lebens. Das gemeinsame Leben der „gottgeweihten Jungfrauen" wurde von ihm vor allem gefördert und gesteigert. Aber mit nicht geringer Sympathie bewunderte er das Klerikerkloster des Bischofs Eusebius von Vercelli (gestorben um 371). Mitglieder römischer Aristokratenfamilien – Fabiola, Pinian und Melania d. Jüngere – vermittelten das römische Mönchtum nach Mittel- und Süditalien, wo sich im Jahre 395 der frühere Staatsbeamte Paulinus mit seiner Frau Theresia in Nola niederließ und am Grab des hl. Martyrers Felix ein monastisches Zentrum gründete.

Nordafrikas Mönchtum war geprägt vom Leben und Werk

Augustins von Hippo. Er kehrte im Jahr 388 in seine Heimat zurück, um im Kreis gleichgesinnter „Knechte Gottes" in Thagaste zu leben. Der Ruf der Kirche ließ ihn Priester und Bischof von Hippo werden. Der monastischen Lebensform blieb er verbunden und versuchte, sie mit sanftem Druck nach seinen Vorstellungen zu formen. Auch hier wurden Kleriker zu Mönchen und Mönche zu Klerikern. Aus seinem Mönchtum kommen die frühesten lateinischen Mönchsregeln: Das sog. Praeceptum (wohl von ihm selbst verfaßt) und der sog. Ordo Monasterii (wohl von seinem Freund Alypius geschrieben). Die Niederschrift einer Regel spricht für die Sorge um die monastische Lebensform und den Willen, sie zu bewahren und zu sichern. Neben dem augustinischen Mönchtum stand in Nordafrika ein vom Orient beeinflußtes und behauptete dort seinen Platz.

Um 410 gründete Honoratus – er kam aus spätrömischer Konsulsfamilie – die Mönchssiedlung auf der Insel Lérins (bei Cannes); auf einer Orientreise hatte er asketisch-monastische Erfahrung gesammelt. Seine Gründung wurde zu einem bedeutenden Zentrum für das Mönchtum und die Kirche Südgalliens. Zahlreiche Bischöfe Südgalliens kamen aus dem Inselkloster. Ebenfalls zu Beginn des 5. Jahrhunderts ließ sich Johannes Cassian in Marseille nieder. Er hatte lange Jahre in Bethlehem und in Ägypten unter Mönchen gelebt und brachte nun die „Weisheit des monastischen Orients" in den Westen. Mit seinen Schriften über das monastische Leben wurde er zum einflußreichen Lehrer des lateinischen Mönchtums und vermittelte diesem auch – über die Brücke Evagrius Ponticus (346–399) – die origenische Spiritualität. Überall gäbe es nun „Kirchen und Klöster", schrieb Sulpicius Severus, um das Ergebnis der missionarisch-pastoralen Arbeit Martins von Tours vorzustellen. Das war für den Einzelgänger Martinus zwar übertrieben; aber für die lateinische Kirche des 5. Jahrhunderts gewinnt die Aussage zunehmend an Richtigkeit. Auch hier erlebte der Beobachter, daß zwei Lebensnormen für die Kirche festgesetzt sind.

Das monastische Leben wurde entschieden von den Bischöfen gefördert und blieb damit unter kirchlicher Kontrolle. Ein anderer Förderkreis entstand ihm in der spätantiken Aristokratie, deren Angehörige Bekehrung zum Christentum mit der Bekehrung zum asketischen Leben verbanden; eine „praxis politica" im späten Römerreich gaben sie für die neue „praxis pietatis" auf. Ihren reichen Besitz stellten sie häufig für Klostergründungen zur Verfügung. Cassiodor (ca. 485–570), der sich selbst nach einem Leben im Staatsdienst unter Theoderich dem Großen in das von ihm gegründete Kloster Vivarium/Kalabrien zurückzog, hat solch frommen Stifterwillen biblisch begründet; in seiner Erklärung zu Ps 103, 17 („Die Sperlinge bauen ihre Nester in den Zedern des Libanon") meint er: Der Sperling ist ein gar kleiner Vogel und weist auf die Bescheidenheit der Mönche hin. In den Zedern des Libanon, das heißt auf dem Besitz reicher Christen bauen sie ihre Klöster. In Vivarium hat Cassiodor eigenen Familienbesitz in eine klösterliche Siedlung umgewandelt. Das war kein Einzelfall. Nach Gregor dem Großen wurde Benedikt von einem „gläubigen Mann" gebeten, auf seinem Landgut bei Terracina ein Kloster zu gründen (Dialoge II 27). Die Jünger des Severin von Norikum konnten in Lucullanum durch die Großzügigkeit der „femina illustris Barbarina" ihr Kloster gründen (Vita Severini 46). Die „homines illustres und nobiles" sind häufig als Klostergründer auszumachen. Die Besitzstiftung für ein Kloster oder die Umwandlung des eigenen Besitzes in ein Kloster konnte wirtschaftliche Sorgen und die Sorge um das ewige Heil zum einheitlich frommen Motiv werden lassen. Wenn materieller Besitz dem Christen nur als Gabe und Geschenk von Gott übergeben ist, dann muß er ihn auch zur Verehrung und in seinem Dienst gebrauchen. Wenn er nur „Besitzer auf Widerruf" (precarii possessor) ist, dann ist die vorübergehende Nutznießung unter ernste Verantwortung gestellt. Und im Tode wird die Rückgabe gefordert. Rückgabe des Besitzes wird für die Todesstunde als „ultimum remedium" verkündet. Asketischer Besitzverzicht ist so ein letztes Heilmittel und mit dem Verzicht zugunsten der Kirche und eines Klosters eine sichere Besitzübergabe, in der aus irdischem Besitz himmlischer Besitz wird.

Mit seinen Förderern erlangte das Kloster auch gesellschaftlichen Rang. Die Klöster haben für schwere Arbeit und Feldarbeit ihre Kolonen oder Sklaven. Die Felder werden zum Teil verpachtet und von Pächtern betrieben. Für die Arbeit im Kloster genügen der Garten und die Werkstatt! Die Magisterregel bestimmt die Verwaltung des Klosters in bezeichnender Analogie: Es ist so wie im Haus eines Menschen. Damit der Herr des Besitztums unbesorgt sein kann über alles, was zu veranlassen ist, bestimmt er Vorgesetzte für das Hausgesinde ...: den Vertreter des Hausherrn (vicedominus), den Verwalter (vilicus), den Förster (saltuarius) und den Hausmeister (maiordomus; 11, 6).

Ordnung und Regel

Gegenüber dem östlichen Mönchtum zeigt das westliche Mönchtum ein stärkeres Gefälle zu fester Ordnung und Reglementierung. Wohl wurden die ersten Mönchsregeln im Osten geschrieben, aber schon am Ende des 4. Jahrhunderts traten die Regeln aus dem augustinischen Mönchtum an deren Seite, wenig später übersetzte Rufinus von Aquileja die monastischen Anweisungen des Basilius von Caesarea, wie sie ihm in einer ersten Redaktionsstufe vorlagen (sog. ›Kleines Asketikon‹) für ein italisches Kloster. Der Übersetzer bezeichnet sie als „Antworten gleichsam hl. Rechts“ und wünscht, daß sie in jenem Kloster Italiens genau beobachtet und dann auch an andere Klöster weitergegeben werden, so daß in allen Klöstern nach einer Zucht und Ordnung gelebt wird (Vorrede zur Übersetzung). Um die gleiche Zeit übersetzte Hieronymus die Pachomiusregel ins Lateinische, wodurch auch deren Ordnung im westlichen Mönchtum rezipiert werden konnte. Danach setzte eine ungemein fruchtbare Regelproduktion im lateinischen Mönchtum ein. In den nächsten drei Jahrhunderten wurden in Italien, Südgallien und Spanien etwa dreißig Klosterregeln geschrieben. Die Regelschreiber wollten damit keineswegs neues, je eigenes Mönchtum schaffen. Mit ihren vielen Regeln wollten sie sich nicht von anderen bewährten Formen des Mönchslebens absetzen. Sie wollten damit nur das als gut, lebens- und bewahrenswert erkannte Mönchsleben sichern. Absetzung und Distanz bringen diese Regeln nur von Zerrformen des Mönchtums und von Mißbrauch des Mönchsnamens. Das gilt auch von der berühmten Regel des Benedikt von Nursia, die um die Mitte des 6. Jahrhunderts in Monte Cassino geschrieben wurde. Ihre wirkungsvolle Nachgeschichte, die freilich erst im 7. Jahrhundert zaghaft greifbar wird, darf ihre bescheidenen Anfänge nicht verwischen. Sie war einst auch nur eine Mönchsregel unter vielen anderen. Ihr Schreiber konnte Vorlagen benützen – darunter befand sich die umfangreichste lateinische Mönchsregel, die sog. Magisterregel –, Anregungen der Tradition und anderer Regeln aufnehmen; er konnte auch Bekanntes und Unbestrittenes weglassen. Er wollte nur eine „bescheidene Regel für Anfänger im Klosterleben" schreiben; den Mönch, der rasch zur Vollkommenheit gelangen wollte, verweist er auf die bekannte monastische Tradition und ihre anerkannten Lehrer (Kap. 73).

Gerade die Vielzahl der Regeln, die alle nur das eine wollten – monastisches Leben unter Abt, Regel und im Kloster sichern und schützen –, führte zu einer nächsten Epoche in der Geschichte der abendländischen Klosterregel. Sinnige Äbte wählten für ihre Klöster aus den vorliegenden Regeln das aus, was ihnen brauchbar und wertvoll schien. Sie stellten vorhandene Regeln zusammen und setzten sie als Ordnung für das eigene Kloster fest. Das führte zum Zeitalter der Mischregel, die für das Mönchtum im Übergang zum frühen Mittelalter charakteristisch ist. Man lebte in einem Kloster „nach der Regel des hl. Benedikt und des hl. Kolumban"; im anderen „nach der des hl. Basilius, Benedikt und Kolumban", usw. Aus diesen Mischregeln ging dann in karolingischer Zeit aus Gründen und unter Bedingungen, die hier nicht darzustellen sind, die Benediktusregel als allein verbindliche Norm für das abendländische Mönchtum hervor. Benedikt von Aniane (ca. 750–821), der in jenem uniformierenden Prozeß eine entscheidende Rolle spielte, schrieb rückblickend über den Standort Benedikts von Nursia in der Mönchsgeschichte: „Der hl. Benedikt hat seine Regel aus anderen entnommen und aus vielen kleinen Garben eine kräftige Garbe zusammengebunden“ (Vorwort zur Concordia Regularum).

Chronologische Zusammenfassung:

ca. 275	Antonius von Ägypten zieht in die Wüste
ca. 345	Tod des Afrahat
346	Tod des Pachomius
356	Tod des Antonius
357	Athanasius, vita Antonii
ca. 357/8	Basilius von Caesarea in der Asketensiedlung
ca. 360	Martinus bei Poitiers
376–378	Johannes Chrysostomus unter den Mönchen bei Antiochien
ca. 380	Priscillian Bischof von Avila
382–384	Hieronymus in Rom
388	Augustinus in Thagaste
ca. 390–459	Symeon der Säulensteher
395	Paulinus in Nola
ca. 404	Hieronymus, Lateinische Pachomiusregeln
410	Honoratus in Lérins
ca. 410	Rufinus, Lateinische ›Mönchsregel des Basilius‹
ca. 415	Johannes Cassianus in Marseille
ca. 540/50	Benediktusregel
nach 554	Cassiodor in Vivarium

Die ganze Kirche ist eine Witwe, in ihren Männern so gut wie in ihren Frauen, in den verheirateten Männern so gut wie in den Gattinnen, in den Jünglingen so gut wie in den Greisen und in den Jungfrauen, – die ganze Kirche ist eine Witwe, verlassen in dieser Welt. Fühlt sie das, kennt sie ihre Witwenschaft, so ist ihr Hilfe bereit.

(Augustinus, en. in ps. 131, 23)

LITERATURVERZEICHNIS

Gesamtdarstellungen:

K. Baus, Von der Urgemeinde zur frühchristlichen Großkirche (Handbuch der Kirchengeschichte, hrsg. von H. Jedin, Bd. 1), Freiburg i. Br. 1962.

R. Kottje, B. Möller (Hrsg.), Ökumenische Kirchengeschichte, Bd. 1: Alte Kirche und Ostkirche, Mainz/München 1970.

R. Lorenz, Das vierte bis sechste Jahrhundert (= Die Kirche in ihrer Geschichte, hrsg. von K. D. Schmidt, E. Wolf, Bd. 1, Lieferung C), Göttingen 1970.

C. Andresen, Die Kirchen der alten Christenheit, Stuttgart 1971.

H. Chadwick, Die Kirche in der antiken Welt, Berlin/New York 1972.

K. Baus, E. Ewig, Die Kirche von Nikaia bis Chalkedon (= Handbuch der Kirchengeschichte, hrsg. von H. Jedin, Bd. 2), Freiburg i. Br. 1973.

H. Frohnes, U. W. Knorr (Hrsg.), Die Alte Kirche (= Kirchengeschichte als Missionsgeschichte, hrsg. von H. Frohmes, H. W. Gensichen, G. Kretschmar, Bd. 1), München 1974.

K. Baus, H. G. Beck, H. J. Vogt, Die Kirche in Ost und West von Chalkedon bis zum Frühmittelalter (= ebd., Bd. 2, 2), Freiburg i. Br. 1975.

K. Aland, Geschichte des Christentums, Bd. 1, Gütersloh 1980.

Altkirchliche Literaturgeschichte:

B. Altaner, A. Stuiber, Patrologie. Leben, Schriften und Lehren der Kirchenväter, Freiburg i. Br. [9]1979.

Altkirchliche Dogmengeschichte:

M. Schmaus, J. R. Geiselmann und A. Grillmeier, Handbuch der Dogmengeschichte, Freiburg i. Br. 1951 ff.

J. Daniélou, Histoire des doctrines chrétiennes avant Nicée, Bde. 1–3, Paris 1958–1978.

J. N. D. Kelly, Altchristliche Glaubensbekenntnisse. Geschichte und Theologie, Göttingen 1972.

C. Andresen, Handbuch der Dogmen- und Theologiegeschichte. Bd. 1, Göttingen 1982.

Altkirchliche Kunst:

F. van der Meer, Chr. Mohrmann, Bildatlas der frühchristlichen Welt, Gütersloh 1959.

C. Andresen, Einführung in die Christliche Archäologie (= Die Kirche in ihrer Geschichte, Bd. 1, Lieferung B 1), Göttingen 1971.

F. van der Meer, Die Ursprünge christlicher Kunst, Freiburg i. Br. 1982.

F. W. Deichmann, Einführung in die Christliche Archäologie, Darmstadt 1983.

Nachschlagewerke:

DACL = Dictionnaire d'archéologie chrétienne et de liturgie, hrsg. von F. Cabrol, H. Leclercq, Paris 1907–1953.

RAC = Reallexikon für Antike und Christentum, hrsg. von Th. Klauser, Stuttgart 1950 ff.

Thematische Quellensammlungen:

H. Koch, Quellen zur Geschichte der Askese und des Mönchtums in der Alten Kirche, Tübingen 1933.

H. Rahner, Kirche und Staat im frühen Christentum, München 1961.

H. Karpp, Die Buße, Zürich 1969 (= Traditio christiana 1).

W. Rordorf, Sabbat und Sonntag in der Alten Kirche, Zürich 1972 (= Traditio christiana 2).

H. Musurillo, The acts of the christian martyrs, Oxford 1972.

A. M. Ritter, Alte Kirche, Neukirchen 1977 (= Kirchen- und Theologiegeschichte in Quellen 1).

R. Cantalamessa, Ostern in der Alten Kirche, Bern/Frankfurt a. M./ Las Vegas 1981 (= Traditio christiana 4).

W. Rordorf, A. Schneider, Die Entwicklung des Traditionsbegriffes in der Alten Kirche, Zürich 1983 (= Traditio christiana 5).

Zu Kap. I:

L. Goppelt, Die apostolische und nachapostolische Zeit (= Die Kirche in ihrer Geschichte, d. 1, Lieferung A), Göttingen [2]1966.

H. Conzelmann, Geschichte des Urchristentums, Göttingen [4]1979.

H. Kraft, Die Entstehung des Christentums, Darmstadt 1981.

W. Schneemelcher, Das Urchristentum, Stuttgart 1981.

J. Blank, Vom Urchristentum zur Kirche, München 1982.
K. Kertelge (Hrsg.), Mission im Neuen Testament, Freiburg i. Br. 1982.

Zu Kap. II:

A. von Harnack, Die Mission und Ausbreitung des Christentums in den ersten drei Jahrhunderten, Leipzig [4]1924.
Ders., Marcion. Das Evangelium vom fremden Gott, Nachdruck der Ausgabe Leipzig 1924: Darmstadt 1960.
W. Bauer, Rechtgläubigkeit und Ketzerei im ältesten Christentum, Tübingen [2]1964.
N. Brox, Offenbarung, Gnosis und gnostischer Mythos bei Irenäus von Lyon, Salzburg/München 1966.
H. von Campenhausen, Die Entstehung der christlichen Bibel, Tübingen 1968.
C. Andresen (Hrsg.), Die Gnosis, Bde. 1–3, Zürich 1969–1980.
J. Martin, Die Genese des Amtspriestertums, Freiburg i. Br. 1972.
K. Rudolph (Hrsg.), Gnosis und Gnostizismus, Darmstadt 1975.
Ders., Die Gnosis, Göttingen [2]1980.
A. Strobel, Das heilige Land der Montanisten, Berlin 1980.

Zu Kap. III:

H. von Campenhausen, Kirchliches Amt und geistliche Vollmacht in den ersten drei Jahrhunderten, Tübingen [2]1963.
B. Poschmann, Paenitentia secunda. Die kirchliche Buße im ältesten Christentum bis Cyprian und Origenes, Bonn [2]1968.
H. J. Vogt, Coetus sanctorum. Der Kirchenbegriff des Novatian, Bonn 1968.
U. Wickert, Sacramentum unitatis. Ein Beitrag zum Verständnis der Kirche bei Cyprian, Berlin 1971.
E. Dassmann, Sündenvergebung durch Taufe, Buße und Martyrerfürbitte in den Zeugnissen frühchristlicher Frömmigkeit und Kunst, Münster 1973.
H. J. Vogt, Das Kirchenverständnis des Origenes, Köln/Wien 1974.
Th. Baumeister, Die Anfänge der Theologie des Martyriums, Münster 1980.

Zu Kap. IV:

H. Dörries, Das Selbstzeugnis Kaiser Konstantins, Göttingen 1954.
H. Kraft, Kaiser Konstantins religiöse Entwicklung, Tübingen 1955.

B. Kötting, Christentum und heidnische Opposition in Rom am Ende des 4. Jahrhunderts, Münster 1961.
R. Freudenberger, Das Verhalten der römischen Behörden gegen die Christen im 2. Jahrhundert, dargestellt am Brief des Plinius an Trajan und den Reskripten Trajans und Hadrians, München ²1969.
J. Molthagen, Der römische Staat und die Christen im zweiten und dritten Jahrhundert, Göttingen ²1970.
J. Speigl, Der römische Staat und die Christen, Amsterdam 1970.
R. Klein (Hrsg.), Das Frühe Christentum im römischen Staat, Darmstadt 1971.
P. Stockmeier, Glaube und Religion in der frühen Kirche, Freiburg i. Br. 1973.
H. Kraft (Hrsg.), Konstantin der Große, Darmstadt 1974.
G. Ruhbach (Hrsg.), Die Kirche angesichts der Konstantinischen Wende, Darmstadt 1976.
R. M. Grant, Christen als Bürger im römischen Reich, Göttingen 1981.
T. Christensen, Christus oder Jupiter. Der Kampf um die geistigen Grundlagen des römischen Reiches, Göttingen 1981.
P. Stockmeier, Glaube und Kultur. Studien zur Begegnung von Christentum und Antike, Düsseldorf 1983.

Zu Kap. V:

P. Th. Camelot, Ephesus und Chalcedon, Mainz 1963.
J. Ortiz de Urbina, Nizäa und Konstantinopel, Mainz 1964.
A. M. Ritter, Das Konzil von Konstantinopel und sein Symbol. Studien zur Geschichte und Theologie des II. Ökumenischen Konzils, Göttingen 1965.
J. N. D. Kelly, Altchristliche Glaubensbekenntnisse. Geschichte und Theologie, Göttingen 1972.
O. Wermelinger, Rom und Pelagius. Die theologische Position der römischen Bischöfe im pelagianischen Streit, Stuttgart 1975.
A. Grillmeier, H. Bacht (Hrsg.), Das Konzil von Chalkedon. Geschichte und Gegenwart, Würzburg ⁵1979.
A. Grillmeier, Jesus der Christus im Glauben der Kirche. Bd. 1: Von der apostolischen Zeit bis zum Konzil von Chalkedon, Freiburg i. Br. ²1979.
R. Lorenz, Arius judaizans? Untersuchungen zur dogmengeschichtlichen Zuordnung des Arius, Göttingen 1979.
H. J. Sieben, Die Konzilsidee der Alten Kirche, Paderborn 1979.

Zu Kap. VI:
E. Caspar, Geschichte des Papsttums, Tübingen 1930–1933.
J. Haller, Das Papsttum. Idee und Wirklichkeit, Bd. 1, Urach ²1950.
F. X. Seppelt, Geschichte der Päpste, Bd. 1, München ²1954.
F. Dvornik, Byzanz und der römische Primat, Stuttgart 1966.
W. Marschall, Karthago und Rom. Die Stellung der nordafrikanischen Kirche zum apostolischen Stuhl in Rom, Stuttgart 1971.
A. Franzen, R. Bäumer, Papstgeschichte. Das Petrusamt in seiner Idee und geschichtlichen Verwirklichung in der Kirche, Freiburg i. Br. ³1982.
R. Pesch, Simon-Petrus. Geschichte und geschichtliche Bedeutung des ersten Jüngers Jesu Christi, Stuttgart 1980.
W. Ullmann, Gelasius I (492–496). Das Papsttum an der Wende der Spätantike zum Mittelalter, Stuttgart 1981.

Zu Kap. VII:
M. Viller, K. Rahner, Askese und Mystik der Väterzeit, Freiburg i. Br. 1939.
B. Kötting, Peregrinatio religiosa. Wallfahrten in der Antike und das Pilgerwesen der Alten Kirche, Münster 1950.
F. van der Meer, Augustinus der Seelsorger, Köln 1953.
G. Kretschmar, Die Geschichte des Taufgottesdienstes in der alten Kirche, Kassel 1964 (= Leiturgia 5).
E. Dassmann, Die Frömmigkeit des Kirchenvaters Ambrosius von Mailand, Münster 1965.
J. A. Jungmann, Liturgie der christlichen Frühzeit, Freiburg/Schweiz 1967.
P. Brown, Augustinus von Hippo, Frankfurt a. M. 1973.
J. Badewein, Geschichtstheologie und Sozialkritik im Werk Salvians von Marseille, Göttingen 1980.
P. Brown, Society and the holy in the late antiquity, London 1982.

Zu Kap. VIII:
K. Heussi, Der Ursprung des Mönchtums, Tübingen 1936.
F. Prinz, Frühes Mönchtum im Frankenreich, München/Wien 1965.
O. Chadwick, John Cassian, Cambridge ²1968.
A. Zumkeller, Das Mönchtum des hl. Augustinus, Würzburg ²1968.
H. Bacht, Das Vermächtnis des Ursprungs. Studien zum frühen Mönchtum, Würzburg 1972. 1983.

K. S. Frank (Hrsg.), Asekese und Mönchtum in der Alten Kirche, Darmstadt 1975.

Ders., Frühes Mönchtum im Abendland, Zürich 1975.

Ders., Grundzüge der Geschichte des christlichen Mönchtums, Darmstadt [4]1983.

Ders., Basilius von Caesarea. Die Mönchsregeln, St. Ottilien 1981.

G. Holzherr, Die Benediktsregel. Eine Anleitung zum christlichen Leben, Einsiedeln [2]1982.